**책 쓰기도 의식이 답이다**

책 쓰기도 의식이 답이다

나애정 지음

생각의빛

## 제3장 책 쓰기를 위한 9가지 의식 법칙

## 제4장 실제처럼 느껴야 현실이 된다

## 제5장 책 쓰기도 결국 의식이 답이다

# 제1장
## 책 쓰기 쉽지 않은 이유는 의식 때문이다

# 긍정적인 생각으로 책 쓰기 시작해라

"시작이 반이다."

시작하는 자체가 큰 의미가 있다는 뜻이다. 특히, 평상시 자신감 없어 부정적으로 생각했던 일이라면, 시작 자체가 대단한 일, 축하받아 마땅한 일이 된다. 마음은 하고 싶음이 간절하나, '나는 할 수 없어. 내가 감히 어떻게……' 라며 시도조차 못 한 일들이 있다. 사실, 근거 없이 스스로 부정적으로 생각했을 뿐, 실상은 아닐 수도 있다. 내 생각이 정말 맞는지, 객관적으로 따져 보려면 직접 해 봐야 한다. 그 방법밖에 없다. 평상시 쭉 부정적으로 생각해온 그 일이 실제로 내가 할 수 없는 일인지, 검증하기 위해서라도 시작해 보는 것이다. 이렇게 스스로 못 할 것이라고 부정적으로 생각하는 대표적인 일 중의 하나가 바로, 책 쓰기이다.

　나는 늦은 나이에 필리핀 세부를 찾았다. 늦게 낳은 아이 둘을 데리고 갔는데, 그 당시 나는 반 백 년을 산 나이였고, 영어도 익숙하지 않았다. 필리핀을 찾기 전, 고민을 많이 했다. '아이들, 어느 곳에서나 잘 크면 되지, 굳이 이국 땅까지 데리고 가야 하나? 경험도 좋지만, 내 나이를 생각하자. 영어도 못 하는데, 어떻게 집을 구하고, 음식은 사며, 학교를 보낼 것인가?'라고 필리핀 세부살이 못 할 이유만 머릿속에 가득했다. 심사숙고할수록, 부정적인 이유는 넘쳐났다. 그래서 생각했다. 단순하고 긍정적으로 생각하기로. 내가 가지 못할 이유만 생각하는 것은 해보지 않아서이다. 해보지 않은 것들은 해보면 된다. 결국 나는 1년 반 동안 필리핀에서 살다 왔고, 필리핀에서의 삶이 내 인생 또 다른 터닝 포인터가 되었다.

　책 쓰기도 마찬가지이다. 책 쓰기, 아직 시작하지 않았다면 꼭 하기를 나는 권한다. 책 쓰기를 하고 후회할 사람은 아무도 없다. '그때 선택을 잘했어. 정말 감사한 일이야.' 라고 말할 것이다. 책 쓰기는 삶의 혁신이라고 말하고 싶다. 단순한 책 쓰기가 아니라, 삶을 좀 더 긍정적이고 혁신적으로 바꾸고자 하는 사람이라면, 책 쓰기를 수단으로 삼으라고 강조한다. 책 쓰기는 나의 일이 아니라 남의 일이라고 옆으로 치워두면 안 된다. 이제는 누구나 책 쓰기를 할 수 있는 시대임을 알고 있다. 글쓰기가 아니다, 책 쓰기이다. 글쓰기는 타고 나는 성향에 영향이 크겠지만 책 쓰기는 그렇지 않다. 책 쓰기는 방법과 기술만 배우고 익힌다면 누구나 쓸 수 있다. 그래서 지금은 쓰고자 하는 사람이라면, 쭉 써나가는 끈기를 유지할 수 있다면 생각 외로 쉽게 작가가 되고, 자신의 삶을 완전히 새로운 삶으로 바꿀 수 있다.

책 쓰기 시작하는데, 가장 걸림돌이 되는 것이 자신의 부정적인 생각이다. 부정적인 생각이 나의 인생 혁명을 가로막는다. 생각을 바꾸면 삶이 바뀌는데, 이 단순하면서 위대한 진리를 잘 모른다. 생각을 바꾸면 인생이 달라지는 이유는 생각의 차로 행동의 차이가 생기기 때문이다. 잘 관찰해 보자. 지금 책 쓰는 저자들의 이력을 보자. 아주 평범한 사람들이다. 양계장 아저씨, 치과 위생사, 간호사, 장사하는 사람, 평범한 엄마들, 교사, 등……, 주변에서 쉽게 만나는 평범한 사람들이 작가가 되고 있다. 물론 개중에 유명한 사람들도 많다. 그런 사람만 보지 말고, 비록 베스트셀러 작가는 아니지만, 책을 꾸준히 쓰는 평범한 사람들을 보자. 나도 마찬가지이다. 평범한 직장인이면서 매일 이른 아침, 책을 쓰고 있다. 이런 사람들을 보며 나도 못 하라는 법이 없다고 생각하자. 조금만 배우고 나서 시작하면, 얼마든지, 출간할 수 있고, 출간하는 책의 수가 많아질수록, 책 쓰기의 경험과 노하우가 쌓이면서 남에게 좋은 영향력도 행사하게 된다. 누구나 하는 그 일을 못 하는 단 한 사람이라면, 자신에 관해서 나는 책 쓰지 못한다고 부정적으로 생각하는 사람일 뿐이다. 이제는 나도 할 수 있다, 나도 책을 쓸 수 있다고 긍정적인 마인드로 시작하는 일만 남았다.

　나는 또 강조한다. 엄마라면 꼭 써야 하고 교사라면 반드시 써야 한다고. 엄마들이 써야 하는 이유는 돌보고 키워야 할 아이가 있기 때문이다. 아이를 위해 잘나가는 직장을 그만두면서 자존감이 바닥인 엄마들이 늘어난다. 환경 탓, 체력 탓, 어쩔 수 없는 여러 이유가 있지만, 아이를 키우는 엄마이기에 탓만 하고 있으면 안 되겠다. 엄마를 보고 자라는 아이는 엄마의 겉모습만 닮는 것이 아니다. 내면의 모습까지 닮아 간다. 긍정적인 감정뿐만 아니라 부정적인 감정까지 배운다. 자존심은 바닥이고 몸은 파김치가 된 상태인 엄마에게서 내가 사랑하는 아이들도 나의 모습 그대로 자존감 낮고 육체가 약한 아이로 자랄 수도 있다. 아이를 위해서도, 엄마 자신을 위해서도 이런 상태를 바꾸어야 하는데, 책 쓰기가 그 비법이 될 수 있다. 교사들도 마찬가지이다. 요즘 교사들, 살맛이 안 난다. 지켜야 할 의무나 책무는 늘어나고 가르치는 역할 외에 해야 할 행정업무로 과부하에 걸려있다. 교사들은 육아에 지친 엄마들처럼 자존감이 낮아지고 있다. 그냥 하루하루 견디는 마음으로 평상시의 심신은 피곤하다. 아이들이 열정적이고 활기찬 선생님의 모습을 보고 동기부여 받아야 하는데, 현실적으로 피곤한 선생님들은 아이들에게 좋은 롤 모델이 되기 힘들다. 이렇기에 회복의 목적으로 책 쓰기가 필요하다고 말하고 싶다.

　현실이 힘들수록, 자존감이 떨어질수록 책 쓰기를 해야 한다. 부정적인 생각은 잠시 접어두고, 도저히 현실적으로 쓸 수 없는 상황일지라도 책 쓰기 시작하자. '나도 책 쓸 거야, 나도 할 수 있어.'라는 생각으로 과감히 시작해 보는 것이다. 시작하면 방법을 찾을 수 있다. 또, 한 가지 희망적인 소식은 사람이란 극한 상황에서도 끊이지 않는 에너지가 있다는 것이다. 그 에너지가 바로 생명 줄이다. 그 생명 줄을 잡고, 책 쓰기 시작을 통해서 새로운 세상으로 건너가는 것이다. 힘든 가운데에서도 시간을 쪼개, 목차를 만들고, 매일 1꼭지씩 써나가다 보면, 처음에 먹은 마음이 더욱 단단해진다. 사실, 시작이 어쩌면, 가장 어려운 일일 것이다. 그다음 과정에 시작보다, 더 어려운 일은 없다고 생각하자. 중간중간, 오는 어려움은 시작할 때의 어려움에 비하면 약한 것으로 생각하고 꾸준히 밀고 나간다고 생각하면 된다.

긍정적인 마음으로 책 쓰기 시작해보도록 하자. 지금 책 쓰기를 외면하는 사람들은 책 쓰기에 대해 부정적으로 생각하는 경우가 많다. 시작했다가 마지막까지 다 못할 수도 있는데, 아예, 시작하지 말자는 유혹에 빠져있다. '시작하면, 뒷감당하기 자신 없어. 나는 도저히 안 되겠어.'라는 숱한 부정적인 속삭임이 귓가를 맴돈다. 이런 모든 것들이 나 스스로 한계를 만든 것들이다. 이런 유혹의 고비를 넘겨야 책 쓰기로 새로운 삶을 살 수 있다. 책 쓰기에 관해서 이것 하나는 확실히 말할 수 있다. 내 인생에 긍정적인 획을 긋는 일이라는 것을, 책 쓰기를 함으로써 좋은 쪽으로 인생 혁명이 가능하다. 돈을 많이 번다는 이야기는 아니다. 인생에서 돈보다 더 가치 있는 것은 많다. 돈으로도 살 수 없는 삶의 변화가 책 쓰기를 통해서 일어난다고 확실히 말하고 싶다. 때때로 간혹, 돈도 번다. 어떤 사람은 떼돈도 벌었다. 하지만, 이것은 모두 일반적인 이야기는 아니다. 오히려, 돈을 많이 번 사람은 돈의 노예로 전락하는 경우도 봤다. 돈의 가치보다 더 큰 가치는 나의 삶을 글로 남길 수 있다는 것이다. 이 과정에서 삶의 시련도 귀한 글감이란 생각으로 거뜬히, 소화해서 자연스럽게 극복한다. 이것이 바로 책 쓰기의 인생 혁명이다. 책 쓰기 이제는 미루지 말고, 긍정적인 마음으로 시작하시길 다시 한번 강조한다.

# 자신을 믿고 쓰라

과거, 연애편지 한 번 안 써 본 사람은 없을 것이다. 연애편지 쓸 때는 집중해서 쓴다. 상대방을 생각하면서 자신도 모르게 초 몰입한다. 꼭 연애편지가 아니더라도, 글을 쓰다 보면 이런 현상이 일어난다. 생각 외로 자기 내면에 집중하며 술술 써 내려간다.

대학 시절, 나는 기숙사에서 지냈다. 전교생이 기숙사 생활을 하는 대학교였다. 지금은 대전에 있는 '국군간호사관학교'이다. 이곳 생활은 엄격히 규정되어 있다. 새벽 6시에 기상을 해서 연병장에 집합하여 간단하게 조회한다. 그리고 달리기를 한다. 그렇게 하루를 시작하고, 식당으로 아침 식사를 하러 간다. 저학년은 모여서 줄을 서서 가야 했다. 기숙사와 식당은 걸어서 5분 정도 거리였는데도 함께 모여서 열을 맞추어 이동했다. 아침에는 빵과 수프, 빵에 넣을 다양한 채소와 고기들, 지금 쓰다 보니, 어제 일처럼 기억이 새록새록 난다. 나는 이 빵 맛에 빠져 아침을 얼마나 배불리 많이 먹었던지 모른다. 덕분에 얼굴이 빵빵하게 되었지만, 그때 그 빵은 정말 맛있었다. 식사 후 학과 출장을 한다. 학교도 기숙사 근처에 있다. 이때도 역시, 모여서 오와 열을 맞춰 가방 들고, 교복 입고 학과 출장을 했다. 학교에 가면 그 이후의 상황은 여느 일반 간호대학교와 비슷하다. 수업이 다 끝나면 기숙사로 와서 각자 자신이 하고 싶은 일을 하면서 시간을 보낸다. 휴식 시간 후 저녁 8시부터 대략 2시간 정도의 공부 시간이 있다. 1방에 5명이 있었고, 각 생도의 소지품은 침대, 책상, 옷장을 하나씩 기본적으로 가졌다.

외출은 1주일에 3번 정도 있었다. 매일 외출할 수 있는 것이 아니었다. 생활 규칙으로 따지면 고등학생 때보다 더 엄한 규율이었다고 할 수 있다. 수요일, 토요일, 일요일만 외출이 가능, 토요일은 외박할 수 있었는데, 주로 집이 먼 생도들을 배려한 규정이었다. 빡빡한 공부와 생활로 인해 대부분의 동기는 편지를 많이 썼다. 그 당시에만 해도 지금처럼 스마트폰이 발달한 것도 아니었기에 마음 편하게 소통하는 방법으로 편지 쓰기가 최고였다. 나도 마찬가지였다. 우연히 소개팅으로 알게 된 친구와 편지를 주고받게 되었다. 서로 상황이 비슷한 그

남자친구와는 편지로 많은 이야기를 나누었다.

편지 쓰기를 하면서 나는 내가 이렇게 글을 잘 쓰기도 하는구나,라고 혼자서 자화자찬에 빠져 본 적이 있었다. 신기한 일이다. 그전에는 글이라고는 거의 써 보지 않았다. 대학 때 혼자 쓰고 보는 일기를 기숙사 생활을 하면서 시작하게 되었지만, 글을 잘 쓰고 못 쓰는 것에는 관심이 없었다. 하지만 친구와 편지를 주고받으면서 쓴 글은 그 친구가 읽을 것을 생각해서 쓰는 글이다. 그래서 더욱 예의를 갖추고 정성을 다해서 썼을 것이다. 상대방을 배려하며 글을 쓰면서 나는 다른 부분에 대해서도 신경을 썼다. 누군가에게 상처가 되는 표현은 없는지, 그리고 최대한 상대방이 나의 마음을 이해하기 쉽도록, 오해 없이 받아들이도록 그런 것을 염두에 두면서 글을 쓰게 되었다. 그러면서 바로 옆에 있는 사람한테 말을 하듯이, 글을 쓰게 되었다. 친구이다 보니, 더욱 마음을 열어 허심탄회하게 표현하게 되었다. 그런 상태에서 쓰는 것이 어려운 일이 아닌, 그냥 대화한다고 생각하게 되었고, 자연스럽게 쓰게 되었다. 쓰면서 몰입하면서 더욱 자연스럽게 쓰게 되었다. 비록 글이라는 것을 거의 써 보지 않았지만, 소통에 초점을 두고 쓰다 보니, 나도 모르게 잘 쓰게 된 것이다.

글을 쓸 때 자신을 믿어도 된다. 왜냐하면 사람은 누구나 표현하고 싶고, 소통하고 싶은 욕구가 있기 때문이다. 글이라고 하면 말보다는 자주 안 써봤기 때문에 생소해서 자꾸 꺼려지게 되는 것뿐이다. 말하는 것처럼, 글쓰기도, 책 쓰기도 시작한다면 타고난 본연의 욕구가 발동하여 누구나 쓰게 된다. 미리 걱정할 필요가 없다.

사람들의 성향을 크게 2종류로 나눌 수 있다. 한 번도 해보지 않은 일도 일단 해 보자는 성향과 한 번도 해보지 않았기 때문에 조금 더 알아보고 천천히 하려는 성향이다. 첫 번째 성향의 사람은 직접 해보면서 깨닫는 것이 세상에는 많다는 것을 알고 있는 사람이다. 두 번째 사람은 조심스러운 사람이다. 나는 첫 번째 성향에 더 가깝다. 머리로 아무리 생각해도 답이 안 나오는 것들이 세상에는 있다. 아니, 많다. 개인적인 경험으로 대표적인 것들이 해외 살이와 책 쓰기였다. 이런 일들은 직접 몸으로 부딪히면서 경험해보아야 한다.

필리핀 세부 살이, 나는 2018년 9월에 가서 1년 반 정도 살다가 귀국했다. 필리핀 세부를 가기 전에 나는 많은 것들을 생각하고 답을 찾아보았다. 하지만 생각하면 할수록 미궁에 빠진다는 느낌이었다. 더욱 복잡해지기만 했고 진행은 되지 않았다. 그래서 필리핀에 사전답사를 함께 갔던 동네 엄마를 통해서 세부에 사는 사람과 직접 연락했고 기본적인 것, 즉, 집과 학교를 어느 정도 확정하고 가방을 챙겨 세부로 갔다. 한 달 만에 결심하고 필리핀을 간 것이다. 한국에서 복잡하게 생각한 것들이 세부에서 직접 살면서 하나하나 해결이 되었다. 한국에서 문제라고 생각한 것들도 사실 세부에 살아보니, 문제가 아닌 것도 많았다. 머리로만 고민하던 것은 실제와 다른 부분이 많다는 것을 또 느끼게 되었다. 나는 필리핀에 가기 전에 아이들 학교 입학을 어떻게 해야 하나? 고민했다. 한국에서 생각은 영어를 어느 정도 배워서 가야 하나? 입학시험 통과를 어떻게 할까?, 이런저런 생각들이 많았는데, 세부에 가서 보니 입학시험 없는 학교도 있었다. 처음에 그 학교에 입학해시 어느 정노 영어를 익힌 다음에 원한다면 더 좋은 학교로 전학을 가도 된다는 사실을 자연스럽게 알게 된 것이다. 미리 고민할 필요가 없었다.

책 쓰기도 혼자 생각만 하고 있으면 머리만 복잡해진다. 책 쓰기가 버킷리스트인 사람이 많다. 10년 전에도 버킷리스트, 5년 전에도 버킷리스트, 현재 지금도 버킷리스트이다. 앞으로 5년 뒤도 버킷리스트일 가능성이 있다. 이렇게 책 쓰기를 버킷리스트로만 가지고 있는 이유는 시작하지 않았기 때문이다. 시작하기 전에 뭔가를 알고 시작하고 싶어서, 시작하려니 자격 미달인 것 같아서 시작을 미룬다. 그런데도 큰 결심으로 시작하려 하면 지금 당장 해결해야 할 더 큰 다른 문제가 생겨 결국, 시작하지 못한다. 그 이유는 다양하다. 하지만, 이런 것은 합리화일 뿐이고 진짜 이유는 좀 더 알고 뭔가를 하기 위한 성향 때문이다. 혼자서는 알기 어렵다. 책 쓰기 처음 할 때는 누군가의 조언을 받아서 하길 권한다. 혼자서 고민하기보다 지도받아 책 한 권 써 내고, 두 번째 책 쓰는 것이 인생에 훨씬 이득이고, 본인이 더 많이 배운다. 인생이 길지도 않은데, 언제까지 혼자, 책 쓰기를 고민할 것인가?

　자신을 믿고 쓰면 얼마든지 쓸 수 있다. 편안하게 그렇게 쓰다 보면 자신도 모르는 잠재능력을 만나게 된다. 자신을 믿고, 인간의 쓰고자 하는 욕구를 믿어라. 표현하고 싶은 욕구는 말에만 해당하는 것이 아니다. 소리를 내지 않은 말, 글에도 똑같이 해당이 된다. 자기 자신을 믿고, 인간의 타고난 소통의 욕구를 믿는다면 책 쓰기 시작할 수 있다.

　처음 책 쓰기에 있어서 중요한 것은 자신에 대한 믿음이다. 믿음이 있어야 시작도 하게 된다. 믿음이나 용기, 자신감이 없다면, 아예 시작부터 힘들어져서 책 쓰기 도전에 실패하게 된다. 쓰기 시작했다면, 나머지는 조언을 통해서, 배우고 익히고 쓰면서 부족한 부분을 채우면 된다. 자신을 믿는 것 이상으로 또 강하게 믿어야 할 부분은 누구나 표현의 욕구가 있고, 그 욕구는 말뿐 아니라, 글로도 분출된다는 것이다. 글은 단지 많이 써 보지 않았기 때문에 자신감이 없을 뿐이다. 한 번 쓰기 시작하면, 연애편지 쓰듯이, 그렇게 술술 쓰게 된다고 확신해 보자. 믿고 쓰길 바란다. 믿고 쓰는 사람만이 인생 첫 책 쓰기 시작도 하고 그 시작이 발화점이 되어 출간도 한다.

# 마음으로 책은 쓴다

내 인생 첫 책 출간이 소망이라면 상상하고 믿음을 유지해야 한다. 내 인생 첫 책쓰기, 누구나 간절히 원하는 부분이다. 사실 표현을 안 했을 뿐, 내 살아온 인생을 공유할 책 한 권 쓰고 싶은 사람은 많다. 그 소망 이루는 방법은 의외로 어렵지 않다. 오히려 간단하다.

내가 책을 쓰기 시작한 것은 2017년 12월 9일이다. 그날은 내 인생에서 큰 의미가 있다. 아무리 시간이 지나도 잊지 못할 것 같다. 내가 얼마나 책 쓰기를 원했는지 알 수 있다. 내 생일은 가끔 잊어버린다. 결혼기념일은 거의 잊어버리는 경우가 다반사이다. 하지만 책 쓰기 시작한 날짜는 지금도, 앞으로도 잊어버리지 않을 것 같다. 정신적으로 새로 태어나고 새로운 삶이 시작된 날이기에 내 인생에 특별한 의미가 있기 때문일 것이다.

책 쓰기 시작할 때 나와 함께 시작한 작가들이 여럿 있었다. 사연도 상황도 나이도 다양했지만 한 가지 공통점이 있었다. 인생 첫 책 출간에 대한 열망이다. 다들 뜨거웠다. 아주 강렬했다. 상호 기운을 받아 더 열정적으로 되었고 책 쓰기에 무사히 진입했다. 책 쓰는 동안 서로에게 힘이 되고, 경쟁도 되면서 강력한 동기부여의 역할을 했다. 그래서 함께 쓰면 좋다. 지금도 함께 책 쓰기를 하는 것이 좋다고 이야기한다. 공저가 아니라, 어떤 목표를 두고 함께 책 쓰기를 하는 것, 그것처럼 강렬한 자극제도 없기에 꼭 책을 써야 한다면 누군가와 함께 시작하는 것을 추천한다. 특히, 인생 첫 책 쓰기라면 더욱 그렇다. 그렇게 열정적으로 시작한 동기 작가들은 현재 상황이 완전히 달라졌다. 지금도 열정적으로 책 쓰기를 해서 4권, 5권 출간을 한 사람이 있는가 하면, 아직도 그때 그 목차를 가지고 초고를 쓰고 있는 사람도 있다. 또 어떤 사람은 아예 책 쓰기와는 담을 쌓고 산다. 그 당시, 누구 하나 열정에서 차이가 없었지만, 현재, 책 쓰는 상황은 완전히 달라진 것이다.

함께 책을 쓴 사람 중에 W 작가는 지금도 왕성한 활동을 하고 있다. 책과 관련된 일을 하고 있다. 얼마 전에는 글쓰기 코칭을 시작했다고 소식을 전해왔다. 일대일 코칭 방법이다. W 작가는 워낙 글솜씨도 있고, 또한 말솜씨도 있어서, 누군가를 가르치는 일이 잘 맞는다.

본인 자신도 그런 것이 자신의 일이라고 느끼고 있는 듯하다. 일주일에 한 번 글쓰기 코칭을 한다. 사무실이 아직 없는 관계로 카페에서 만난다고 한다. 카페에는 커피도 있고 간단한 다과도 있고, 약간의 소음도 있어 더 좋을 수 있다. 둘만 있을 때 느낄 수 있는 어색함을 없애주는 역할을 카페라는 장소가 할 수 있다. 글쓰기를 통해서 코칭을 받는 사람은 물론, 코칭을 하는 사람도 성장한다. 코칭 받는 사람은 글쓰기에 대한 자신감과 함께 실력까지 높일 수 있고, 코칭을 하는 그 작가는 가르치면서 더욱 명확하게 알게 되고 여러 가지를 느끼고 배우게 되는 것이다. 최고로 잘 배우는 것은 가르치는 것이라는 말이 있듯이, 가르치면서 배우면서 W 작가는 지금도 계속 성장하고 있다.

항상 책과 함께 하는 환경, 글과 가까이 있는 환경이 또 다른 책 쓰기를 가능하게 만든다. 자신이 원하는 소망이나 목표를 달성하는 방법으로 소망이나 목표와 관련 있는 환경에 자신을 노출해야 한다. W 작가는 그런 방법으로 자신의 책 쓰는 삶을 현실화 하는 것이다. 영어를 잘하려면 영어에 많이 노출되어야 한다고 한다. TV프로도 영어 방송을 틀어놓고, 듣던지, 듣지 않던지 일단은 영어 환경을 만들어야 한다. 그렇게 현실에서 바라는 바를 위한 환경을 만들어보는 것이다. 현재 W 작가는 공저를 쓰고 출판을 앞두고 있다. 그리고 현재도 새로운 목차를 만들어 쓰고 있다.

인생 첫 책 쓰기 동기인 K 작가와 우연히 연락하게 되었다. 얼마 전,

나는 인스타그램을 시작했는데, 글을 올릴 때마다 항상 관심을 표현해 주는 K 작가에게 고마웠다. 그래서 메시지를 보냈다.

"작가님, 잘 계시지요? 책은 잘 쓰고 계시는가요?"
"네. 지금도 쓰고 있습니다. 시간이 2년이 지났네요. 이제 5꼭지 남았습니다."

K 작가는 다행히 책 쓰기를 포기하지 않았다. 5꼭지 남았다는 말이 나는 반가웠다. 많은 시간이 걸리고 있지만 언젠가는 세상에 얼굴을 내밀 K 작가의 책이 기대된다. 하지만 한편으로 안타까운 마음이 있다. 왜냐하면, 오랫동안 에너지를 빼고 있기 때문이다. 가장으로서 생업도 해야 하는데, 집에서 쉴 때도 이 책 쓰기 때문에 편안하게 못 쉬고 있을 것 같다. 나는 이런 생각을 하고 있다. 책 쓰기 너무 길게 하면, 그것이 더 어렵다는 것이다. 최대, 4개월 이내에는 책 쓰기를 완성해야 한다. 집중해서 쓰고, 계약하고 출간까지 그렇게 할 수 있다. K 작가는 아마도 생업을 우선시하다 보니, 시간이 길어졌고, 그것이 2년이란 시간을 가지게 된 것으로 생각한다. 길게 쓰면 더 쉽고 여유롭게 쓸 수 있을 것 같지만, 사실은 그렇지 않을 것이다. 5꼭지면, 바짝, 하루에 1꼭지씩, 일주일 만에 마무리하고 퇴고에 들어가면 좋겠다는 바람을 가져본다.

앞의 W 작가와 뒤의 K 작가의 차이는 분명하다. W 작가는 책과 관련된 일을 계속했다는 점이다. 글쓰기 코칭도 하고, 공저 책도 쓰고, 또 개인 저서도 꾸준히 쓰고 있다. K 작가는 가장으로서 생업을 먼저 생각하다 보니, 책 쓰기가 자꾸 뒤로 미루어졌을 것으로 추측한다. 물론 정확히는 알 수 없다. 추측건대, 아마도 그렇지 않았을까?, 생각을 할 수 있다. 그래도 처음 책 쓰기의 열정이 2년이 지난 지금까지 유지되고 현재진행형으로 계속 책을 쓰는 것은 가급적 책 쓰기 환경에 자신을 노출함으로써 책 쓰기에 대한 믿음을 유지했다는 것이다. 인생 첫 책을 쓸 때도 마찬가지로 열정과 믿음을 유지하는 것이 중요하다. 열정은 너무나 에너지가 강해서 계속 같은 상태로 만들기는 힘들다. 그 열정이 믿음이 되게 만들어야 한다. 열정이 믿음으로 유지된다면 내 인생 첫 책 쓰기는 자연스러운 결과로서 나의 삶에 나타나게 되는 것이다.

책 쓰기 성공은 자신의 마음에 달려 있다. 모든 성취물이 그렇지만 특히 책 쓰기에 있어서 어떻게 마음을 먹고, 어떤 의식 상태를 만들고 유지하느냐가 중요하다. 목차 만드는 것은 코칭하는 작가의 도움을 받아 무난히 끝나게 된다. 그래서 목차 만들기는 크게 문제가 되지 않는다. 혼자서 책을 쓴다면, 목차 만들기에서부터 난관에 부딪히겠지만, 먼저 책을 쓴 사람의 도움을 받는다면 목차까지는 크게 신경

쓰지 않아도 완성된다. 하지만, 그 뒤 목차에 맞추어 1꼭지 글을 써 내려가는 것은 순전히 본인이 해야 한다. 코칭하는 사람이 도와줄 수 있는 부분이 아니다. 오로지 혼자서 1꼭지, 1꼭지 써내야 한다. 피드백을 받아서 글을 고치면서 쓰는 방법을 익히면서 그렇게 어제의 꼭지 글보다 오늘의 꼭지 글이 조금 더 나아지리라 기대하면서 그렇게 써 가는 것이다. 그전 한 번도 해보지 않은 1꼭지 글쓰기, 처음 열정 그대로, 출간하고 사람들로부터 대단하다는 칭찬을 들으면서 흐뭇해하는 자신의 모습을 상상하면서 계속 써 내려가면 된다. 매일 반복하는 1꼭지 글에 믿음을 실어야 한다. '나는 1꼭지 문제없이 술술 써 내려간다. 어느 순간, 40꼭지는 채워지고, 나는 이제 투고할 일만 남았다. 투고하는 순간, 출판사로부터 바로 러브콜 연락을 받는다.' 이런 상상과 믿음을 유지하는 것이다. 나도 역시 초고 완성하고 작가 되는 상상에 믿음을 유지해서 책을 출간했듯이, 이제 당신 차례이다. 믿음 유지함으로 당신은 책 쓰기 무난히 성공하게 될 것이다.

# 의심하지 말고 그냥 쓰라

의심해서 분명 좋은 점이 있다. 내가 잘 모르는 위험으로부터 나 자신을 보호할 수 있고, 조심스럽게 새로운 일을 시작할 수 있다. 하지만 위험하지 않고, 굳이 의심이 독이 되는 일에까지 의심의 눈초리로 대한다면, 우리가 얻을 수 있는 것은 제한적일 수밖에 없다. 의심 대신에 그냥, 해 보자는 각오로 과감히 뛰어든다면 생각지도 않은 큰 선물을 얻게 될 것이다.

나에게는 오랫동안 기르던 강아지 한 마리가 있다. 품종은 푸들이다. 나이는 16살이다. 사람 나이로 치면 100살에 가까운 나이이다. 이름은 '모두'이다. '모두'가 이렇게 오랫동안 살 줄은 나도 몰랐다. 그저 사랑으로 가족처럼 함께 산 것이 '모두'에게는 장수의 비결이 되지 않았을까 생각해 본다. 또 한 가지, '모두'가 오래 사는 이유가 있는 듯하다. 남편이 동물을 싫어한다. 그래서 알게 모르게 '모두'가 남편의 구박을 받았다. 남편이 퇴근하면 "으르렁" 거렸다. 그런 '모두'가 남편은 또 싫었을 것이고, 16년이란 시간을 한 지붕 밑에서 보냈으면서도 '모두'와 남편은 가까워지지 않았다. 이것 또한 '모두'의 수명을 악착같이 연장하게 만든 원인이지 않을까 혼자서 웃으면서 생각해 보았다.

2018년 필리핀 세부 살이를 하러 갈 때, 나는 '모두'를 데려가야 할지, 말아야 할지를 고민했다. '모두'의 나이는 그때도 고령이었다. 오랫동안 살았지만, 혹시 나이 때문에 비행기 타기가 힘들지 않을까? 고민을 한 것이다. 남편하고 있으니, 그것을 감수하더라도 우리와 함께 가는 것이 낫지 않을까도 생각했다. 떠날 시간이 얼마 남지 않아서 나는 하루 반 만에 단호히 결심했다.

"'모두' 지금도 나이가 많다. 여기에 두고 가는 것보다는 위험하더라도 세부에 데려가는 것이 '모두' 입장에서 더 행복할 수 있다. 그리고 생각 외로 가는 여정을 잘 견딜지도 모른다. 모든 것이 운명이다.'

'모두'를 필리핀에 데려가는 것으로 결정을 내렸다. 그래서 애견을 해외로 데려가는 데 도움을 주는 대행업체를 수소문해서 일을 진행했다. 우선, 아이덴티 칩이 있어야 하고, 애견 건강검진소견서, 필리핀 입국서류가 있어야 한다. 내가 해야 할 일은 동물 병원에서 2가지, 아이덴티 칩을 몸에 삽입하고 건강검진을 해야 했다. 그래서 평상시 가는 동물 병원을 방문해서 아이덴티 칩을 목에 주사로 간단히 주입하고 건강검진을 받았다. 건강검진 결과, 아뿔싸! '모두'가 심장이 안 좋다는 것이다. 수의사의 의견으로는, 비행기 타는 것은 위험할 수 있다고 했다. 그래서 또 고민, '아구, 산 넘어 산이네. 심장이 안 좋을 것이란 것은 전혀 예상하지 못했다. 또 하룻밤 더 고민에 들어갔다. '모두'가 지금까지 오랫동안 행복하게 산 것도 '모두'의 행운이었다. 비행기도 크게 문제없을 것이다. 이런 확신으로 '모두'를 데려가기로 결정했다.

모두는 세부에서 너무나 건강히 잘 지냈다. 푸들 종류는 보통 관절이 약해서 그것이 문제가 된다고 들었는데, '모두'도 역시 그렇다. 특히 모두 1살 때 거실에서 미끄러지면서 뒷다리 오른쪽 관절이 안 좋았다. 수술을 권하는 의사의 권유를 뒤로 하고 나이 16살까지 잘 살았는데, 세부에서 뒷다리 관절이 좀 더 안 좋아졌다. 그것 외에는 심장도 괜찮고, 잘 지내고 있다. 더군다나, 세부에서 길고양이 새끼까지 집에 함께 데리고 있게 되어 '모두'는 외롭지 않게 잘 지낸다. 길고양이의 이름은 '노랑이'이다. 온몸이 노란색이라, 아들은 '노랑이'로 이름 지었다. '노랑이는 새끼 때부터 어미의 사랑을 받지 못하고 거의 버려지다시피 해서 우리가 거두게 된 고양이다. 그래서 그런지, '모두'를 어미처럼 따랐다. 항상 엉덩이를 모두의 몸에 붙이고 있었다.

따뜻한 온기로 서로의 정을 나누고 있는 듯 보였다. '모두'도 그런 '노랑이'를 잘 보듬어 준다.

사연이 너무 길었다. 현재 아이들과 나는 한국에 나와 있다. 하지만 '모두'와 '노랑이'는 필리핀에 있다. 우리 집 청소 아떼로 일을 했던, 아떼 집에 두 놈을 맡겨두고 왔다. 지금도 아침마다 페이스북으로 '모두'와 '노랑이'을 본다. 아떼가 사진을 올려준다. 그리고 '모두'와 '노랑이'에 대한 소소한 이야기까지 서로 소통하고 있다.

아떼는 처음 우리 집에 청소하러 왔었을 때, 모든 것이 어설펐다. 나이도 나보다 많았다. 거기에다가 남의 집 청소일은 처음 하는 것이라 했다. 처음이기도 했지만 원래 성향 자체가 꼼꼼한 스타일은 아니었다. 1주일에 3번 청소하러 왔는데, 그냥 내가 할까 하는 생각이 들 정도였다. 한번은 청소했다는 곳을 보니, 바닥에 먼지며, 머리카락이 그대로 있었다. 다시 청소했다. 그 이후에는 아떼를 의심하기 시작했다. 별것 아닌 청소이지만 의심의 눈초리가 생겼다. '제대로 청소했나?, 아이들은 자는 방은 제대로 먼지를 털었을까? 이불은 잘 털었을까?' 의심이 의심을 계속 불러일으켰다. 그래서 그냥 더 의심하지 않기로 어느 날 마음을 먹었다. 어차피, 아떼를 쓸 건데, 언제까지 의심할 것인가? 스스로 깨달음이 온 것이다. 믿어야 그 사람도 더 열심히 할 것이고, 최소한 의심이 도움이 전혀 안 될 것으로 생각이 들었다.

그렇게 아떼에 대한 의심을 멈추니 안보이던 아떼의 좋은 면이 보였다. 좋은 감정도 생기고, 진실한 관계 형성이 가능해졌다. 결국 서로 필요한 존재가 되었다. 코로나19 팬데믹 상황에서 나는 아떼를 믿고 '모두'와 '노랑이'를 맡기게 되었다. 아떼를 알고 보니, 동물들을 좋아하는 것을 알게 되었기 때문이다. 혼자 사는 집에서는 고양이 5마리와 강아지 2마리를 이미 기르고 있었다. 의심을 거두고 상대방을 존중하고 본연의 모습을 봄으로써 좋은 것도 배우고, 위기의 상황에서는 도움을 받는 관계가 된 것이다.

만약 내가 아떼를 계속 의심하고 부정적인 감정으로 대했다면, 이런 상황에서 인연을 만들진 못했을 것이다. 의심은 의심을 낳고, 부정적인 결과만을 낳을 뿐이다. 사람 관계뿐 아니라, 어떤 일을 함에서도 의심보다는 긍정적인 마음으로 그 일을 하는 것이 필요하겠다. 책 쓰기를 할 때도 마찬가지이다. 부정적인 의심을 거두고 긍정적인 면에 집중함이 필요하다.

책 쓰기를 할 때 가장 많이 드는 생각은 '내가 정말 책을 쓸 수 있을까?' 하는 자신에 대한 의심이다. 자신에게 가장 큰 힘이 되어야 할 자기 자신이 가장 큰 걸림돌이 되는 것이다. 이런 의심을 벗어던지지 못한다면 책 쓰기 자체를 시작할 수도, 시작했다고 하더라도 계속 이어서 책 쓰기를 완성하기 어려워진다. 가치 있는 일을 하는 데 있어서 자신에게 한계를 긋는 어리석은 행동은 하면 안 되겠다. 의심이 없다면 쓸 수도 있을지 모르는 그것을 못 하게 될 수 있다. 한 권의 책 출간이 우리의 삶에 가져오는 가치는 크다. 그 어떤 일보다 가치 있는 것을 우리에게 준다. 출간의 가치를 간단히 되짚어 보기로 해 보자.

첫째, 나의 경험과 노하우를 나눌 수 있다.

둘째, 한 권의 책이 두 권의 책으로 이어진다.

셋째, 읽고 쓰는 삶을 살 수 있게 된다.

넷째, 시련도 글감이 될 뿐이다.

다섯째, 시간이 지날수록 나의 삶은 성장하게 된다.

한 권의 책 출간으로 인해 삶이 새롭게 바뀐다. 나의 삶은 2018년 4월 이후 완전히 달라졌다. 그 시점이 나의 인생 첫 책을 출간할 때였다. 그때 이후 책 쓰는 삶이 지금까지 꾸준히 이어지고 있다. 모든 나의 생활이 책 쓰는 것에 맞추어져 있었다. 책을 읽어도 그렇고, 누군가를 만나더라도 그렇고, 아이들을 훈육할 때도, 아이들에게 책 하나를 사줄 때도, 나의 책 쓰기와 연관 있는 활동이 되었다. 매일 읽으면서 그것을 내 것으로 만들어 SNS에 글을 올리고, 그 글이 또, 1꼭지 쓰기의 아이디어가 된다. 모든 삶이 책 쓰기로 이어진다. 그리고 매일 성장의 연속이다. 읽고 쓰는 것을 매일 하는 사람이라면 성장이 안 올 수가 없는 것이다. 책 쓰기를 하면 매일 읽고 쓰는 것을 놓치지 않고 할 수 있기에 매일 성장이 일어나게 되는 것이다.

의심함으로 인해 이런 소중한 책 한 권 쓰기의 가치를 날려버릴 것인가? 그것은 당신의 선택이다. 어떤 것이 당신 삶을 풍요로우면서 행복하게 성장하게끔 할 것인가? 조금만 생각해 보면 답은 금방 나온다. 의심을 거두어들이자. 특히 책 쓰기에 이런 의심은 중단해야 한다. 책 쓰기를 한다면 인생 최대의 대박 사건이 될 것이기 때문이다. 횡재의 일에 초를 치는 의심으로 인생 최대의 손실을 일으키지 말자. 이제, 의심을 거두고 그냥 쓰기를 바란다.

# 책 쓰기에 반하는 감정을 발견한다면 무시해라

때론, 감정 때문에 일을 그르칠 때가 있다. 그래서 감정을 잘 조절하는 것이 중요하다고 할 수 있겠다. 목표를 명확히 가진 사진이라면 더욱 감정의 노예가 되지 말아야 하는데, 목표를 달성하기 위해, 내 감정을 어떻게 조절해야 할까?

새벽 기상을 한 지 5년 차가 되지만 여전히 새벽에 일어날 때 유혹이 많다. '5분만 더 자자, 5분은 괜찮겠지.'라며 스스로 함정을 만든다. 어떤 날은 그 함정에 푹 빠져들고, 어떤 날은 멀쩡히 잘 통과해서 새벽 시간을 즐긴다. 그 함정에 빠지는 날은 5분의 잠이 1시간의 잠으로 뒤바뀌는 날이다. 단지 5분만 더 자자고 했는데, 일어나 보면 1시간이 흘러버렸다. 그때야, 주섬주섬, 핸드폰과 윗옷을 챙겨 방을 나온다. 그리고 책상이 있는 방으로 직행, 노트북을 켜고 나는 후회의 감정을 달래야 한다.

새벽 기상, 이제 편안할 때도 되었는데 그렇지 않다. 5년의 세월이면 강산도 바뀐다는 시간의 반이다. 몸과 마음에 많은 변화가 생길 수 있는 시간이지만, 새벽잠의 달콤한 유혹을 매번 극복해야 한다. 새벽 기상, 이런 유혹의 감정을 뿌리칠 수 있는 가장 좋은 방법은 감정이 없는 기계처럼 자신을 인지하는 것이다. 정해놓은 절차대로 그냥 생각 없이, 감정 없이 움직인다. 나는 나무토막이다. 나는 기계이다, 이런 마음으로 아침에 일어난다. "감정이 있는 사람이 이것이 쉽겠나?"라고 생각할 수 있다. 맞다. 이것이 어렵다. 생각을 해야 할 때는 생각이 나지 않고 감정을 잡으려고 해도 잘 잡히지 않을 때가 있다. 반대로 생각과 감정을 억제하기도 쉽지 않다. 하지만 하루하루 내 몸은 기계라 생각하고 인간이 아닌 기계처럼 기상하다 보면 그것도 된다. '나는 생각도 감정도 없는 나무토막이자 기계이다.'라는 것이 세뇌된다. 요렇게 아침에 일어나서 새벽 기상 성공한다.

또 하나의 새벽에 벌떡 일어나는 방법이 있다. 누어서 손과 발을 들고 흔드는 것이다. 처음에는 손부터 들어 올린다. 그렇게 10회를 흔들고, 그다음 발을 들어 올려 다시 10회를 흔든다. 그렇게 하면 뇌가 각성이 된다. 손끝, 발끝에 있는 피를 뇌로 흔들어 짜주니 뇌가 각성하지 않을 수 없다. 요렇게 금방 잠을 깨면, 나의 새벽 기상 결심의 실천이 수월해진다.

책 쓰기를 하면서 여러 고비가 온다. 값진 일일수록 많은 시련과 고비가 따르는 것이다. 시련과 고비가 있는 일은 가치 있는 일이라 판단해도 된다. 가치가 다소 떨어지는 일일수록 힘듦이 준다. 내가 무엇인가를 할 때 정말 힘들다는 생각이 들면, 그 생각을 이렇게 바꾸어 보자.

'지금 내가 하는 일로 나의 삶은 혁신적으로 바뀔 것이다.'

이렇게 인지하는 자체가 어려움을 완화한다. 힘듦에 집중했다면, 이런 인지를 통해서 힘듦 속에 있는 본질 그 가치에 집중하게 된다. 어디에 중점을 두느냐에 따라 확실히 다르게 행동하게 된다. 어떤 사람을 봤을 때 그 사람의 못난 모습만 보인다면 어떻게 될까? 그 사람과 말도 하기 싫고, 만나기도 싫을지 모른다. 하지만 그 사람의 마음, 속을 본다면, 외적인 모습으로 인해 그 사람을 멀리하지 않을 것이다. 이런 관점 자체는 보석 같은 사람을 만날 기회를 나에게 줄 것이다. 나는 현재 휴직 중이다. 휴직 기간에 많은 경험을 하고 있다. 제일 큰 경험이라고 할 수 있는 것은 필리핀 세부 살이, 즉, 한국이 아닌, 해외에서 살아보는 경험이다. 영어도 수월하지 않은 내가 해외 살이를 하면서 느낀 것은 사람은 정말 겪어봐야 안다는 것이다. 앞에서 나에게 잘해주는 사람보다, 정말 힘들 때 도움이 필요할 때 진정, 보탬이 되어주는 사람이 감사하고 또 고맙게 느껴진다. 나도 그런 사람이 되어야겠다는 깨달음도 얻게 되었다. 사람의 내면을 볼 수 있는 관점이 어떤 상황에서도 그대로 적용할 수 있다. 정말 값진 일인데, 힘들다고 도전을 안 한다거나, 도전했다 하더라도 중간에 포기하는 일은 없어야 할 것이다. 달성된 상황을 상상하면서 그것을 계속 밀고 나가면 그일을 성취함과 동시에 내 평생 가장 귀한 것을 얻을 수 있다. 책 쓰기도 내 인생에 소중한 것을 안겨다 줄 그런 일 중의 하나이다.

책 쓰면서 가장 많이 느끼게 되는 것들을 책 쓰기 전, 중, 후로 나누어 알아보겠다. 책 쓰기 전에 가장 많이 드는 감정은 '과연, 내가 할 수 있을까?'라는 자신에 대한 의심의 감정이다. 이런 감정 때문에 쉽게 투자하지 않는다. 그 투자라는 것은 시간과 돈과 에너지이다. 전장에서 가망이 없는 군인보다 가망이 있는 군인들을 먼저 치료하는 것처럼, 나의 책 쓰기 능력을 가망이 없는 능력으로 진단해버리고 방치한다. 책 쓰기는 해보지 않고는 아무도 알 수 없다. 자기 자신도 모른다. 의외의 책 쓰기 능력이 자신에게 숨겨져 있을 수도 있다. 지금 나는 할 수 없을 것이라는 의심으로 책 쓰는 기회 자체를 나 자신에게 주지 않는 것은 너무 잔인한 것이다. 너무나 하고 싶으면서 너무나 잔인하게 나를 누르고 방치하는 행동을 책 쓰기에서는 아무렇지 않게 자행하고 있다. 가망 없을지도 모르는 일에 나의 돈도 투자하기 싫다. 누군가 공짜로 가르쳐 주면 마지못해 시도해 볼 수는 있는데, 돈까지 내면서 하기에는 돈이 아깝다고 생각한다. 하지만 그런 생각으로 시작한 책 쓰기는 결국, 실패할 가능성이 크다. 의심 없이 죽기 살기로 달려들어야 성공할 수 있는 것이 책 쓰기이다. 돈에 흔들리는 자신이라면 책 쓰기 시작해도 언제든 고비가 찾아오면 바람에 사시나무 떨리듯 흔들린다. 처음부터 한계를 그으면 안 된다. 나는 할 수 있다는 자신감으로 시작해도 중간에 포기하는 사람이 있는데, 처음부터 공짜면 시작하겠다는 감정 상태로 해서는 결과물이 나오기 쉽지 않은 것이다.

인생 첫 책 쓰는 중에 가장 많이 드는 감정은 1꼭지 쓰기가 어렵다는 것이다. 책 쓰기 진입을 무사히 했다고 가정해 보자. 남들이 하지 않은 그 일을 시작해서 뿌듯하다. 기분도 좋다. 구름 위를 나는 기분이다. 걱정도 되지만 어찌하였던, 감정은 흥분하여 좋은 상태를 유지한다. 그러다가 목차를 만들면서 감정이 조금씩 다운된다. 왜냐하면, 과제를 하면서 올라간 기분이 점점 아래로 떨어지기 시작한다. 할수록, 절망감이 올라온다. 나는 왜 이렇게 어려운 것인가? 제목 과제는 어떻게 만들겠는데, 장 제목 세트는 왜 이렇게 어려워, 라는 생각에 생활 자체가 흐트러지고 감정도 뒤죽박죽된다. 그래도 코칭을 받는 동안에는 목차까지 무난하게 나올 것이다. 목차가 만들어지고, 1꼭지 쓰기 시작하면서 또 어려움을 느낀다. 이때는 그 누구도 도와줄 수 없다. 오로지 혼자서 1꼭지, A4, 2장을 써 내려가야 한다. 이런 어려운 감정들은 스스로 극복해야 한다.

인생 첫 책 쓰면서 느끼는 부정적인 감정을 극복하기 위해 나만의 방법이 필요하다. 목차가 완성되고 기쁜 마음도 잠시, 책 쓰기의 2번째 고비인 1꼭지 쓰기가 남아 있다. 이때 또한 무너지는 예비 작가들이 있다. 첫 꼭지가 가장 어렵게 느껴진다. 나도 첫 꼭지 쓸 때 2박 3일 걸렸다. 2박 3일 동안 안 써지는 글을 붙들고 있으려니 온갖 감정이 북받쳐 오른다. 첫 번째 떠오르는 감정은 나는 왜 이렇게 글을 못 쓸까?, 두 번째는 나는 왜 이렇게 못났을까? 세 번째는 나는 이것을 끝까지 할 수 있을까? 라는 부정적인 감정들이다. 부정적인 감정에 쌓여있으면 결과도 부정적일 수밖에 없다. 그래서 이런 감정이 들 때, 철저히 그것을 무시해야 한다. 못 본 척, 못 들은 척, 모르쇠로 일관해야 한다. 그리고 대신에 이렇게 생각하는 것이다. 첫 번째는 잠시 나는 글을 못 쓸 뿐이다. 왜냐하면 그동안 안 썼기 때문이다. 하나하나 써갈수록 나는 잘 쓰게 될 것이다. 둘째는 글을 못 쓴다고 못난 사람은 아니다. 잠시 적응하는 시간이 필요할 뿐이다. 글도 말하듯이 인간의 욕구이기 때문에 결국, 잘 쓰게 된다. 셋째는 나는 책 쓰기 끝까지 완수할 것이다. 그래서 나의 삶은 책 쓰는 멋진 삶이 될 것이다. 이렇게 감정을 바꾼다. 나도 그렇게 긍정적인 감정으로 바꾼 후, 시간이 걸렸지만, 첫 꼭지를 완성할 수 있었다. 첫 꼭지를 완성하고는 조금씩 더 자신감을 가지고 1꼭지, 1꼭지 써 내려갈 수 있었다.

 감정이 우리의 많은 부분을 지배한다. 우울한 감정에 자신을 방치하면 우울한 시간을 가지게 되고, 그런 하루가 모여 우울한 인생이 된다. 긍정적인 감정일 경우, 하루의 시간과 내 인생이 긍정적으로 된다. 책 쓰기 할 때도 이런 원리가 그대로 적용해야 한다. '책 쓰기, 너무 어렵고, 나에겐 힘든 일이야'라고 생각하는 대신에 다르게 해석하고 생각하는 것이다. '책 쓰기 나에게 얼마나 멋진 것들을 안겨 주려고 이렇게 나를 인내하게 하는 것일까? 힘들어도 나는 꿋꿋이 해내고 말 거야. 결국 나는 그것을 완성해서, 내가 원하는 멋진 인생을 살아볼 거야.'라고 생각하는 것이다. 당연히 그렇게 생각을 바꾸고 감정 또한, 바꿀 수 있다. 부정적인 감정은 아예, 내 마음에 들어서지도 못하게 하는 것이다. 부지불식간에 들어섰다면, 발견 즉시, 마음에서 쫓아내야 한다. 나를 부정적인 감정에 그대로 방치시키지 말고, 나와 상관없는 감정으로 멀리 쫓아내 버려야 한다. 책 쓰기에 반하는 감정, 내 마음에서 눈곱만큼 한자리도 내주지 말며 책 쓰기 무난하게 성공하시길 바란다.

# 의식, 내 이름 박힌 한 권의 책에 미리 갖다 두어라

의식, 이것으로 인생이 바뀔 수 있다. 나의 현재 의식으로 많은 것들이 변화된다. 의식의 중요성을 인지해야 한다. 자신의 의식 상태를 객관적인 시각으로 점검해 보자. 이 의식은 내 삶의 많은 부분을 결정하기 때문이다.

아침에 인터넷을 검색하다가 S 방송인이 TV 프로그램에서 인터뷰한 내용을 보게 되었다. S 방송인을 많은 사람이 알고 있다. 방송계에서 대표 잉꼬부부의 표본이었는데, 어느 날 공개된 남편과의 불화 장면으로 인해 결국, 이혼하게 되었다. 알고 보니, S 씨는 아이 둘을 키우고 남편 뒷바라지를 열심히 한 긴 세월 동안 가정에서 힘들게 살아왔다. 보이는 모습이 다가 아니었다. 나이에 비해 월등히 어려 보이는 외모, 집안을 호텔처럼 완벽한 수준으로 깔끔하게 만들어 놓는 야무진 살림 솜씨, 그 모든 것이 보통 사람에게는 부러움의 대상이었다. 'S 씨는 모든 것이 완벽해.'라고 나도 생각했었다. 하지만 그런 아픔을 안고 살았다는 것을 상상도 하지 못했다. 참 안타까운 일이다.

　그런 안타까운 삶 저변에는 S 씨의 의식이 있었다. 사람이 살다가 어떤 상황도 만날 수 있다. 내가 잘못한 것이 아니라도 운명적으로 최악의 상황에 나 자신이 놓이게 될 수도 있다. 내가 아무리 잘해도 안 되는 경우가 있는 것이다. S 씨는 가정주부로서, 엄마로서, 아내로서 최선을 다한 삶을 살았지만, 현실은 좋아지지 않았다. 그렇다면, 과감하게 결단을 내리는 것도 필요한데, 자신을 너무 힘들게 했다. 힘들고 고통스런 삶을 산 이유 중의 하나가 바로 의식이라고 나는 생각한다. TV 프로그램에서 S 씨가 한 말 중에 이런 말이 있다. "가정에서 나오면 나는 정말 죽는 줄 알았어요."라고 했다. 이 말을 듣고 나는 정말 안타까웠다. 이런 생각을 하는 사람은 S 씨뿐만이 아닐 것이다. 물론 나도 포함된다. 나는 S 씨의 그 생각 자체가 S 씨의 삶을 힘들게 만들지 않았을까 생각해 본다. 오히려 남편과 좋지 않은 장면이 온 국민에게 알려진 것이 S 씨에게는 천운이었다. 오랫동안 자신의 가능성을 발견하지 못하고, 자신에게 한계를 긋고 산 의식에서 깨어날 수 있는 전화위복의 계기가 되었기 때문이다.

의식에 대한 중요성을 느껴야 한다. 세상의 모든 일은 의식으로부터 나왔다고 할 수 있다. 우리 삶도 돌이켜 보자, 그동안 의식에서 먼저 일어나지 않고 현실이 된 결과물은 하나도 없다. S 씨가 좀 더 빨리 자신의 삶을 돌보고, 의식을 바꾸었다면 좀 더 멋진 삶을 진작 살지 않았을까 생각해 본다. S 씨는 현재, 7권의 책을 쓴 베스트셀러 작가이다. 작가로서 더 많은 책을 쓰면서 자신이 원하는 삶을 살 수 있었을 텐데,하는 아쉬움이 남지만, 지금이라도 원하는 삶을 살 수 있게 되어 다행이고 S 씨가 더 잘 되기를 나는 응원한다.

책 쓰기를 할 때도 의식은 중요하다. 현재 나는 책 쓰기 멘토를 하고 있다. 정말 감사한 일이다. 올해는 오로지 책 쓰기에만 전념하리라 생각했었다. 하지만 우연히 받은 메시지 하나로 인해 멘토를 시작하게 되었다. 책을 쓰고자 하는 사람은 많다는 것을 또 느꼈다. 맞다. 책 한 권 쓰고자 하는 사람들은 많다. 특히 40, 50대를 넘어가면 책 쓰기에 대한 간절한 마음이 더 생긴다. 20대, 30대는 물론, 10대들도 책은 쓸 수 있다. 그들도 그들 수준의 삶에 대한 경험과 노하우가 있고 그 것을 책으로 쓴다면 힘든 일을 겪는 비슷한 나이의 독자들에게 새로운 해법을 제공할 수 있다. 책이란 것이 그런 것이기에 쓴다면 누군가 반드시, 한 사람이 되었든, 두 사람이 되었든, 여러 명이 되었든, 분명 도움을 받고, 동기부여 받는 사람이 있기 마련이다. 그래서 어느 나이 때나 쓸 수 있다는 것이다. 나이가 들수록 그것에 대한 욕구는 강해진다. 사람마다 다 이런 욕구가 있기에, 책 쓰기를 멘토 하는 사람은 더욱 필요한 것이다. 멘토가 되어보니, 인생 첫 책을 쓸 때가 생각난다. 그때 가장 중요한 것이 무엇이었는지? 떠오른다. 역시 의식 상태가 중요했다. 실력이 있더라도 의식 상태가 받쳐주지 못하면 실력 발휘를 하지 못한다. 중간에 포기하는 사람도 있다. 실력보다 중요한 것이 의식이란 것을 나는 그때 깨달았다. 그래서 나는 책 쓰기 조언을 하면서도 의식을 강화하기 위해 몇 가지를 강조한다.

첫째는 의식 책을 매일 읽기.

의식 책이라고 하면 대표적인 것이 네빌 고다드의 책이다. 나는 이 책을 지금도 아침마다 읽는다. 단 10분이라도 이 책을 읽고 하루 일을 시작한다. 책만 읽는 것이 아니라, 네빌 고다드의 명언을 나의 몸에 각인시키기 위해 SNS에 글을 올린다. 문구를 녹음하고, 그것으로 '글 그램'이란 앱을 통해 카드 뉴스처럼 만들어 올린다. 인스타그램에 간단히 올리지만, 사람들의 호응은 매우 좋다. 나는 의외의 긍정적인 반응에 놀랐다. 이것은 사람들이 의식에 관심이 있고, 또한 관련된 문구들을 그만큼 갈망하고 있다는 이야기이다. 의식을 강화하는 그 문구들이 실제 자신의 삶에 보탬이 된다는 방증이다. 그래서 나는 또 한 번 더 깨달았다. 의식은 삶의 근원이다. 이것을 평상시 느끼지 못했다 하더라도, 그런 문구를 보고, 삶에 실천하면서 삶이 변화된다는 것을 알게 되고, 그런 문구를 찾게 되는구나, 그렇게 생각하게 되었다. 그래서 의식 관련 문구는 계속 올려야겠다고 다짐했다. 책 쓰기에서도 역시 마찬가지로 책을 끝까지 써내기 위해 스스로 하는 의식 강화가 필요하다. 그래서 의식 책은 계속 읽으라고 강조한다.

둘째는 의식 강화 문구를 적어 붙여두기.

사람은 눈에 보이는 것을 더 자주 생각하게 된다. 이것도 의식과 관련 있다. 눈에 보이지 않더라도 그것을 챙기면 되기만 쉽지 않다. 그래서 잘 보이도록 종이에 좋은 의식 문구를 써서 붙여둔다. 현관 앞에 붙여두면 가장 좋다. 나갈 때 들어올 때 한 번씩 읽고 머리에 입력하는 것이다. 입력되어야만 실천으로 자연스럽게 이어지기 때문에 그렇게 하라고 강조한다.

셋째, 의식 책 필사하기.

필사의 효과는 서서히 강력하게 삶에 드러난다. 처음에는 우습게 생각한다. '남의 글 따라 적어서 뭐 하게?'라고 하찮게 생각한다. 하지만 생각을 달리하면 그것이 아니라는 것을 단박에 이해 할 수 있다. 우리가 공부할 때, 외워야 할 문구가 있다고 가정해 보자. 외워야 할 문구를 "A"라고 했을 때, "A"를 외울 때 눈으로만 보는 것보다, 말로 하고, 손으로 쓰고 하면 더 잘 외워진다. 즉, 시각, 청각, 촉각, 최소 3 감각을 활용해서 "A"를 나의 머리에 입력하는 것이다. 활용하는 감각의 수가 많을수록 뇌는 자극되고, 그것을 제대로 입력하게 되는 것이다. 그래서 다른 주제와 함께 의식 책 필사를 꼭 하라고 멘티에게 강조한다.

넷째, 내 의식을 출간할 미래의 내 책에 미리 갖다 두기.
이 부분은 가장 중요하다고 할 수 있다. 상상력을 활용하는 것이다. 책은 분명 출간이 될 것이고, 그 책을 미리 상상해서 보는 것이다. 미리 볼 때는 아주 구체적으로 사진을 보듯이 상상하면 좋다. 책에 쓰인 저자의 이름에 내 이름을 볼 수 있다. 글씨체는 내가 좋아하는 '바탕'체이다. 색깔은 밝은 청색이다. 이렇게 구체적으로 오 감각을 통해서 출간될 나의 책을 상상하는 것이다. 그렇게 상상하면서 그것을 사실인 것처럼 받아들인다. 이것이 나의 의식이다. 내 이름 석 자 박힌 책을 미리 보고, 그것에 나의 의식을 갖다 두는 이 작업이 책 쓰기 성공하게 하는 데 많은 도움이 된다. 뇌는 우리가 상상한 것을 현실처럼 받아들일 것이다. 미래의 내 책을 미리 상상하면 뇌는 그것을 사실로 인식하고, 그것은 기정사실처럼 우리를 행동하게 만든다. 작가로서 행동하는 것이다. 그렇게 행동하는 것은 자연스럽게 주변을 변화시키는 놀라운 일도 경험하게 된다. 우리의 의식대로 우리의 책은 세상에 드러난다.

의식, 내 이름 박힌 한 권의 책에 미리 갖다 두자. 인생 첫 책을 쓸 때는 책 쓰기가 너무 어렵게 느껴지는 것이 당연하다. 나만 그런 것이 아니다. 나만 특별히 어려운 것이 아니다. 그런 감정을 어떻게 잘 극복하느냐가 중요하겠다. 잘 극복한 사람은 점점 책 쓰기도 몸에 익히면서 좋아지게 된다. 처음이 어려워도 점점 좋아진다는 사실을 사람들은 잊는 경우가 많다. 지금처럼 계속 어렵고 책 쓰기는 쓰기 어려울 것이라고 부지불식간에 생각한다. 어려움을 극복하는 방법의 하나가 책 한 권을 미리 상상하는 것이다. 내 이름 박힌 책, 그동안 그렇게 오매불망 원하고 기다렸던 그 책을 미리 나의 의식에 갖는 것이다. 매일 그것을 상상한다. 상상하고, 그 책을 더욱 예쁘게 다듬어 본다. 정말 기분 좋은 상상이 될 것이다. 상상을 계속하다 보면, 나의 책 출간은 기정사실이 된다. 의식에서는 책 출간 완료된 상태가 되는 것이다. 이렇게 되면, 책 쓰기 부정적인 감정, 부정적인 의식들이 사라지게 된다. 그리고 내 이름 박힌 책은 나의 의식대로 현실이 되는 것이다. 당신의 책 쓰기는 당신의 의식으로 결정된다.

# 의식이 모든 현상의 근원이다

아침부터 책을 주문했다. 요즘은 온라인으로 간단히 주문할 수 있으니, 정말 좋은 세상이다. 필리핀 세부 살이를 잠시 할 때는 온라인 주문이 안 되었다. 이국땅이다 보니, 한국 온라인 서점을 인터넷으로 확인할 수는 있었지만, 책 받아서 본다는 생각을 감히 하지 못했다. 주문하더라도 한국에서 필리핀 세부까지 배달되는데, 최소 한 달은 걸리지 않을까? 생각한다. 보통 한국에서 택배를 받으면 배편으로 왔을 때, 3주에서 4주 정도 걸리니, 책도 마찬가지일 것으로 추측했다. 세부에서 주변 교민들이 책 주문해서 받는 것이 어렵다고 이야기하기에 주문할 생각도 하지 않았다. 한국이란 곳이 얼마나 좋은지 모른다. 보고 싶은 책을 발견했을 때 바로 주문해서 다음 날 책을 받아 읽어볼 수 있다.

최근, 책 쓰기에 관한 내 경험을 공유하고 있다. 조언을 받는 사람의 책 쓰기 주제가 '학업 중단'에 관한 것이다. "학업 중단" 참 어려운 주제이다. 어렵다고 생각하는 이유 중의 하나는 보통 사람들이 흔히 생각하는 주제가 아니기 때문이다. 학업 중단은 일반적인 경우가 아니기에 이것을 생각하는 사람은 많지는 않을 것이다. 사실 이런 상황에 있는 사람에게는 이 주제 자체가 절실한 문제이지만, 대부분은 그렇지 않으니, 쉽지 않은 주제이다. 이 글을 쓰는 사람이 학업 중단의 해결법으로 메타인지에 대해서 언급했다. 그래서 나는 메타인지에 대해 검색을 해보았다. 온라인 서점에는 이미 여러 권의 책이 출간되어 있었다. 그래서 그중 하나, 가장 최근 책으로 주문을 했다. 주문하고 보니, 장바구니에 다른 책 하나가 담겨 있는 것을 발견하게 되었다.

장바구니에 담겨 있는 그 책을 보니 그 당시가 생각났다. 주문까지 진행하는 것이 여유가 없고 귀찮아서 일단 장바구니에 넣어둔 것이다. 이미 장바구니에 있는 그것은 의식에 관련된 책이었다. 현재 나는 의식에 관련된 주제로 책을 쓰고 있다. 그래서 그것을 주문하려고 하다가, 주문하고 입금하는 것이 번거롭게 생각되어 그냥 그렇게 내버려 둔 것이다. 처음 한국에 왔을 때는 온라인 주문하는 그 자체가 너무 쉽고 간편하게 느껴졌었다. 주문하고 입금하면 되는 것이 전혀 문제가 되지 않았다. 사람이 간사하다고, 2달 만에 이런 과정도 귀찮아지게 된 것이다. 그래서 더 시간이 있을 때 하자고 읽고 싶은 책인데도 불구하고 뒤로 미루어 두었다. 이것을 장바구니에 넣어 둔 것이 2주 전이었다.

책을 주문할 때도 더 근원적인 일을 먼저 한다고 생각하면 된다. 주문과 입금을 둘 다해야 책을 받아볼 수 있는데, 입금은 생각하지 말고 주문을 먼저 하는 것이다. 주문 후에 해야 하는 입금은 오늘 해도 되고, 내일 해도 된다고 생각하자. 2가지를 한꺼번에 해야 한다고 생각하니까, 2주가 지나도 주문을 못 하고, 읽고 싶은 책도 못 읽고 계류상태로 방치하게 되었다. 오늘 아침에는 정말 필요한 책이라 주문부터 한 상태이다. 그러니 이제, 입금만 하면 된다는 생각에 마음이 가벼워진다. 아마 오전 내로 입금을 하게 될지 모른다. 이렇게 어떤 일을 완수하는데 근원이 되는 일이 있기 마련이고, 그것을 먼저 하고 나면, 훨씬 일을 완성하는데 쉬워진다. 책 쓰기도 마찬가지이다.

책 쓰기를 하기 위해서는 먼저, 책 쓰기 의식을 갖추어야 한다. 의식이 모든 현상의 근원이라고 할 수 있다. 의식이 없이는 결과물이 있을 수 없다. 결과물이 의식을 앞서서 만들어진 경우는 세상에 없다. 한 권의 책을 목표로 한다면, 그 한 권의 책이 만들어지도록 나 스스로 내 생각, 내 의식부터 그것에 맞도록 갖추어야 한다. 무엇이 먼저인지 따지자면 100% 의식이 먼저라고 할 수 있다. 그렇다면, 책 한 권을 세상에 출간하기 위해 내가 갖추어야 할 책 쓰기 의식은 무엇인지, 한번 생각해 보도록 하려 한다. 이것을 마음에 꼭 담아두고 책을 쓴다면 도움이 될 것이다.

첫째, 나는 나의 이야기를 글로 쓸 수 있다.

많은 사람이 글로 표현하는 것에 자신 없어 한다. 이유는 다 알 것이다. 많이 써 보지 않았기 때문이다. 자주 한 것은 만만하게 느껴진다. 그래서 더 자주 하게 되고 더 잘하게 되는 것이다. 남 앞에 서서 강연하는 사람들, 처음부터 잘하는 사람이 아니었다. 청중 앞에서 온몸이 얼어붙는 듯하였고, 뻣뻣하고 무감각하게까지 느껴지는 입은 나의 의지와 상관없이 움직였다. 무대를 내려올 때는 내가 무슨 이야기를 했는지, 모른다. 내가 한 말을 잘 모르듯이, 나의 이야기를 들은 사람들은 나의 메시지를 잘 이해하지 못한다. 완전히 패한 강연이게 되는 것이다. 하지만 그런 복잡한 감정을 누르고 강연하는 횟수가 많아질수록 이제, 내가 머리로 생각하면서 이야기한다. 그리고 무슨 말을 하고 싶은지, 무슨 말을 해야 하는지 알고 청중과 시선을 맞추면서 강연하게 된다. 그때부터 대중 앞에서 말하기가 쉬워진다. 글도 마찬가지이다. 자주 쓰면 잘하게 되고, 특히 자신감을 가지고 꾸준히 하다 보면 당연히 쓸 수 있고 책도 완성할 수 있는 것이다. 이런 확신과 믿음을 가져야 한다.

둘째. 사람들에게 알려줄 경험과 노하우는 나에게 충분하다.

한 직장에서 10년 이상 근무한 경험이 있다면, 무조건 책을 써야 한다고 나는 생각한다. 그 아까운 경험과 노하우를 사장하면 안 된다. 글쓰기 좀 못하면 어떤가? 폭풍 감동을 주는 문학 서를 쓰는 것이 아니다. 그냥, 10년 직장 생활의 경험과 노하우를 세상에 알려주라는 것이다. '책은 쓰고 싶지만, 글을 못 써서 책을 쓰지 못해.'라고 생각한다면, 그것처럼 이 세계를 모르는 말이 없다. 책 쓰기 이제, 마음만 먹으면 쓸 수 있고, 배워서 쓴 책이라도 그런 평범한 이야기들을 좋아하는 사람들은 이미 많다. 문학 서보다 더 많이 읽히는 것이 경험과 노하우를 쓴 에세이식 자기계발서이다. 한 가지 일을 한 지 20년 된 사람이라면 책 써야 하고, 30년 된 사람은 말할 것도 없다.

셋째, 나는 책을 써서 읽고 쓰는 삶을 앞으로 살 것이다.

읽고 쓰는 삶이 진정한 행복이었다고 나는 말하고 싶다. 읽고 쓰기 전의 삶은 현실만 보는 삶이었다. 당장 해결해야 할 엄마로서 해야 할 역할, 직장인의 역할, 이것만이 존재했다. 진정한 나 자신의 행복은 뒷전이었다. 하지만 읽고 쓰면서, 매일 나 자신을 돌보고, 나 자신을 성장시키는 삶을 살게 되었다. 앞으로도 계속, 쭉, 이런 삶을 살 것이다. 이것이 진정한 행복임을 깊이 인식한다.

넷째, 나는 앞으로도 모든 삶이 책이 되도록 살 것이다. 누군가는 책으로 삶을 남긴다. 삶이 진행할수록, 책의 수도 많아진다. 그 책 중에 속된 말로 허접한 책도 있을 것이다. 누군가로부터는 것이 시간 낭비였다는 악평도 받을 수 있다. 하지만, 어떤 한사람에게는 감동이고 삶의 자극제일 수 있다. 또한 나는 그 책을 쓰는 동안 배우게 되었고, 특별한 것을 깨닫게 되었으며, 그렇게 한 뼘이 더 성장했는데, 악평도 괜찮다. 사람이 하는 일이니, 못 쓸 때도 있고 잘 쓸 때도 있을 것으로 생각하면 된다. 기계가 아니고, 내가 공장이 아닌데, 어떻게 완벽한 것들만 생산해내겠는가? 생산과정이 나에게 의미 있을 뿐이다. 책으로 자신의 경험과 노하우, 메시지를 남겨라. 그것을 내 자식이 보게 하고, 이웃이 읽게 하고, 세상이 "아, 이런 사람도 있구나", 라고 경험하게 하자.

다섯째, 나는 책을 쓰면서 평생 성장할 것이다.

쓸 때 많은 책을 읽는다. 최소, 20권 이상, 50권, 어떤 주제는 100권도 읽는다. 읽기만 했을 때는 도저히 불가능한 독서를 하게 된다. 우리는 평상시 읽기만 해도 성장한다고 말한다. 그런데 더 많이 읽으면서 쓰기까지 한다면, 게임 아웃이다. 성장은 두말할 것도 없고, 제2의 창조물이 줄줄이 쏟아진다. 그것을 상상해 보자. 그리고 책 쓰기에 돌입하자.

여섯째, 나는 기회가 된다면 책 쓰기를 다른 사람에게 가르쳐 줄 것이다.

아는 것은 나눠주고 싶은 욕구가 생긴다. 이것이 천성적으로 누구나 가지고 있는 본성이다. 더군다나, 너무나 좋은 것이 있는데, 나만 알고 있기에는 아깝다. 그럴 때 우리는 가족에게 한마디씩 한다. 세상에서 제일 사랑하는 자식은 두말할 것도 없다. 이웃에게도 이야기한다. 책 쓰기, 내가 멘토를 자처한 이유가 여기에 있다. 이 좋은 것, 나만 알고 있기에 아깝다. 더 많은 사람에게 알리고 싶다. 나의 시간을 쪼개서, 함께 책 쓰기를 하고, 그렇게 나의 삶은 이동하게 된다.

일곱째, 나는 모든 사람이 자신의 삶을 책으로 남길 수 있도록 도울 것이다.

책은 버릴 것이 없다. 200페이지 넘는 장수가 있는 책에는 한가지는 최소한 건질 수 있다. 아무리 졸작이라도 분명히 건진다. 책 쓰기를 자신 없다고 포기하는 것만큼 어리석은 일도 없다. 책 쓰기하고 얻는 것들은 돈으로 계산이 안 되는 값진 일이다. 원하는 사람은 당연히 책 쓰기도 하는 것, 도울 것이고, 주저하는 사람은 찾아내서, 자신의 삶을 책으로 남길 수 있도록 동기 부여해주어야 한다.

여덟째, 나는 책 쓰기를 통해서 사람들이 진정한 성장과 행복을 가질 수 있도록 도울 것이다.

책 쓰면 더 많이 읽고, 더 성장하며, 성장한 만큼 행복해진다. 성장하면 왜 행복해지는지 아는가? 많이 알게 되니, 세상의 진리에 가깝게 된다. 돈도 중요하지만, 더 가치 있는 것이 있다는 것을, 미리 깨닫게 된다. 그러니, 보통 사람이 무게 중심주는 일반적인 것에 집중하지 않고 진정 가치 있는 것과 나에게 소중한 것에 몰입하면서 살게 된다. 그러니, 행복도 자연스러운 순서가 된다.

의식이 모든 현상의 근원이다. 책 쓰기 본격적으로 하기 전, 책 쓰기 의식부터 갖추어보자. 책 쓰기에 의욕도 중요하다. 하지만 구체적이지 않은 의욕은 풍선에 바람 빠지듯이 쉽게 빠져나갈 수 있다. 그래서 구체적으로 책 쓰기 의식을 제대로 무장하는 것이다. 책 쓰기라고 하면 주로 부정적인 생각을 많이 한다. '나는 글을 잘 못 쓴다. 한 번도 긴 글은 써 보지 않았는데, 내가 되겠어? 이것도 흐지부지되고 말 거야. 아예, 힘 빼지 말고, 그냥 하지 말자' 이렇게 생각하면서 두 눈 찔끔 감고 못 본 척한다. 왜 그러는가? 왜 참는가? 하고 싶은 것은 해 봐야지, 지레 포기하기에는 책 쓰기의 가치가 너무 크다. 나는 할 수 있다고 생각하자. 책 쓰기에 대한 심리적인 진입장벽이 조금 높아서 그렇지, 스스로 한계를 넘어선다면 책 쓰기 누구나 완성할 수 있다. 문학 서를 쓰는 것이 아니기에 방법을 배우고 배운 대로 한 꼭지 한 꼭지 쓰다 보면 충분히 40꼭지 전후로 완성하고 1권 분량을 써서 출간할 수 있다. 조금씩 책 쓰기 의식 갖추고 한 권 책의 저자가 되시길 진심으로 응원한다.

# 제2장
## 책 쓰기의 발목을 잡는 생각들

# 지금은 때가 아니야!

"1주일 뒤부터 다이어트 시작할 거야."

지금은 때가 아니고, 1주일 뒤는 때가 될까? 사람들이 각오하는 흔한 다이어트는 사실 하기 쉽지 않다. 시작했다 하더라도 꾸준히 운동하고 식단 조절하는 것이 어렵다. 진짜 더 어려운 것은 시작하는 것. 다이어트가 필요한 사람일수록 시작이 어렵다. 100㎏인 사람이 다이어트를 시작하기는 60㎏인 사람이 다이어트를 시작하기보다 더 어렵게 느낀다. 왜냐하면, 살과 아주 친숙한 생활을 오랫동안 더 해왔기 때문이다. 얻고 싶은 그것과 떨어져 있는 시간이 길수록 어려워진다. 공통적인 것은 당장 시도하지 않는다는 것이다. '정말 각오를 단단히 했어. 나는 꼭 다이어트를 할 거야.' 결단을 내렸다 하더라도, 당장 시작하지 않는다. 시작의 유예기간, 최소, 1주일을 둔다. '그래 나는 1주일 뒤 다이어트 시작이다. 그때가 딱 좋은 때이야.'라고 말이다.

하지만 1주일 뒤가 되어도 지금 마음과 별다르지 않다. 지금이나 1주일 뒤나, 똑같은 것이다. 그래서 '지금은 때가 아니고, 1주일 뒤는 때가 되는 거야.' 하는 것은 자신을 속이고, 변화로 인해 불편감을 겪지 않고, 상대적으로 편안한 지금 시간을 좀 더 누리고자 하는 자기합리화일 뿐이다.


지금 때가 아니라고 말하는 일들의 특징이 있다. 그런 일들의 특성을 파악해 보고, 시작의 방아쇠를 과감히 당겨 의식을 강하게 하는 계기를 마련해 보고자 한다.

어렵다고 생각하는 일은 지금은 때가 아니라고 미루게 된다. 어렵다고 생각하는 영역은 사람마다 다르다. 나는 《나는 성장하는 엄마입니다》란 공저를 출간했다. 그 공저를 출간하면서 나머지 2명의 작가와 카톡 메시지로 자주 소통했다. 공저를 쓰기 위함이니, 제목을 정하고 목차를 만들고, 초고 쓰는 전 과정을 온라인 만남을 통해서 하나하나 만들어 갔다. 또한 공저가 출간되고 난 뒤 SNS상에서 책의 홍보를 위해서 서로 여러 가지 정보를 교환하고 부족한 부분을 미리 준비했다. 그 당시 나는 블로그에만 글을 올렸다. 하지만 인스타그램이나 페이스북도 해야 한다는 조언에 따라 고민을 했었다. 페이스북은 조금씩 했지만, 인스타그램은 한 번도 해보지도 않았는데, 하기 전부터 어떻게 해야 하나? 생각이 많았다. 생각만 하고 차일피일 계속 미뤘다. 인스타그램을 하는 자체가 나에게는 크나큰 도전이었다. 지금은 인스타그램 위주로 글을 일상처럼 올리고 있지만, 그 당시 시작하기 전에는 이것을 정말 어렵게 느꼈다. 나에 비해 다른 두 작가는 젊기도 했고, 내가 보기에는 능수능란하게 핸드폰이나 기타 기계들을 잘 사용하는 것처럼 보였다. 그들에게는 전혀 어려운 문제가 아니었다. 인스타그램을 하기 전에 시작을 못 하고 계속 미루고 또, 미뤘던 기억이 생생하다.

귀찮다고 생각하는 일도 역시 지금은 할 때가 아니라고 생각한다. 코로나19 상황이었을 때, 정부는 전 국민에게 지원금을 지급하기로 했었다. 그나마 다행이라 생각했다. 나는 한편으로 기쁜 일이지만, 한편으로 신청한다는 것이 번거롭고 다소 귀찮게 느꼈다. 숙제처럼 계속 생각만 하고 있었다. 신청하려면 어떻게 해야 하는지 방법을 알아보아야 했고, 또 손품, 발품을 팔아야 할지도 모르겠고, 여러 가지로 '지금은 때가 아니야, 바쁜 것 먼저 하고, 나중에 해도 돼, 나중에 하지.' 라면서 뒤로 미루었다. 당장, 돈이 생기는 일임에도 불구하고 그랬다. 그런 일이 아니라면 귀찮다는 핑계로 더욱 미루게 될 것이다.

무엇부터 해야 할지 아이디어가 떠오르지 않는 일들도 미루게 된다. 가장 어려운 일 중의 하나가 무슨 일부터 해야 할지 막막할 때이다. 아마도 책 쓰기도 이에 속할 것이다. 내가 처음 책 쓰기를 했을 때, 정말 막막했다. 책 쓰기를 해보지 않았기에 실패경험도, 성공 경험도 없는 백지상태의 일이었다. 그래서 나는 책부터 읽어보았다. 세상에 책 쓰기에 대한 책은 많았다. 책을 읽으면서 공통적인 부분을 발견했다. 책 쓰기에서 중요한 것은 주제를 정하고 목차를 만드는 것, 또한 초고를 완성하는 것, 이라는 것이다. 2가지를 해결하기 위해 나의 모든 노력을 집중하는 것으로 결론을 내렸다. 하지만 딱 거기까지였다. 행동으로 옮기지 못했다. 글이라는 것을 써 보기 위해 노력했지만, 막상 노트북을 켜고, 한글파일을 열어, 자판에 손을 얹고 까지였다. 또다시 찾아온, 오리무중 상태, 무엇을 어떻게 써야 할지 또다시 깊은 수렁 속으로 빠져들었다. 그렇게 다시, 뒤로 미루어 둔다. 그러면서 마음에서는 '지금은 때가 아닌가 봐.'라고 스스로 위안한다.

긍정적인 결과물을 명확히 상상하지 못하는 일도 어렵게 느껴져 지금은 때가 아니라 생각한다. 어떤 일을 할 때, 명확하게 그 일의 완성된 미래가 보이는 일들이 있다. 예를 들어, 나는 필리핀 '세부 살이'가 현재 내가 그렇게 사는 것처럼 명확했다. '세부 살이' 하는 장면이 세부 생활을 시작하기 전부터 머리에 그려졌고, 그것이 실제인 양 느껴졌다. 그런 일은 자신감 있게 바로 행동으로 옮길 수 있다. 미래가 너무나 명확한 일인데, 때를 따질 필요가 없다. 그곳을 향해 지금 나아가는 일만 남는다. 간절한 일일수록 이런 미래의 모습을 명확히 상상한다면, 바로 그 일을 착수할 수 있다.

　대부분 사람이 책 쓰기를 미루는 가장 큰 이유 중 하나가 바로 아무리 생각해도 지금은 때가 아니라는 생각 때문이다. "책 쓰기"라는 일이 처음 책 쓰려고 하면 위의 4가지 특징을 다 가지고 있기에 적당한 시작 시기를 정하기 어려워한다.

　"책을 쓰려고 하니, 아들이 고3이다. "

　"책 쓰려 하니, 아이들이 방학이다."

　"책 쓰려 하니, 남편이 건강 검진 상 이상이 있다고 한다."

　사실, 위의 상황들 때문에 책을 못 쓰는 것이 아니다. 책은 상황과 상관없이 쓸 수 있다. 힘들면 힘든 대로 책 쓰기가 위안이 될 수도 있다. 결국, 책을 못 쓰는 것은 환경이 문제가 아니라 자기 자신 때문이다. 내가 마음의 결단을 내리지 못해서, 내가 자신이 없어서, 내가 도망치고 싶어서, 라는 것을 인정해야 한다. 가족 외에, 나 외에 주변 다른 것을 이유로 삼더라도 마찬가지이다. 세상에 책을 못 쓸 이유는 없다. 자신의 주변, 어떤 것도 자신이 책을 쓰는데, 진정한 방해물이 될 수 없다.

　"지금은 책 쓸 때가 아니다."라고 흔히 말한다. 때가 아닌 이유가 수도 없이 떠오른다. 하지만 정작 중요한 이유는 생략한다. 그것은 바로 자기 자신이다. 자신이 결심하지 못한 것이다. '지금도 바쁜데, 책 쓰면 얼마나 더 바쁠까?'라는 부정적인 상상으로 인해 책 쓰기 좋은 때라는 것을 끝까지 못 찾을 수도 있다. 책 쓰기 좋을 때는 특별히 따로 있지 않다. 가족 중 특별한 일이 없어야 하고, 나도 현재 일이 많지 않아야 하고, 건강에도 지장이 없어야 하고, 모든 것이 갖추어진 때란 나에게 오기 쉽지 않다. 그런 때라는 것은, 낙타가 바늘구멍에 들어가기만큼이나 어렵다. 힘든 다양한 나의 상황과 책 쓰기를 연결하면 안 된다. 상황은 상황대로 내버려 두어야 한다. 사실, 상황이 책 쓰기를 못 하게 하는 것이 아니다. 책 쓰기 자꾸 미루는 것은 내 마음의 문제인 것이다. 나는 인생 첫 책을 쓸 때, 아이들 방학이 한참인 1월이었다. 공교롭게도, 책 쓰기 생각날 때 바로 실천에 들어간 관계로, 나는 아이들 방학으로 한참 집안이 소란스럽고 아이들을 챙겨야 할 그 1월에 초고 쓰기를 시작했다. 그런데도 1달 만에 초고를 완성할 수 있었다. 내가 특별해서가 아니라, 결단을 내리고 진행하다 보면 방법들에 대한 아이디어가 떠오른다. 해결 방법이 생기는 것이다. 우리의 잠재 능력을 미리 속단하면 안 된다. 책 쓰기, 초고만 완성하면 그 사람 다음부터 수월해진다. 상황보다는 내 마음 상태가 중요하다고 인지하고, 책 쓸 좋은 때를 찾기보다는 지금부터 쓴다는 결단으로 도전한다면, 주변 환경도 나의 책 쓰기에 맞추어 좋게 변한다고 말하고 싶다.

# 난 5년 뒤 책 한 권 쓸 거야

한때 나는 5년 뒤 사업을 상상했었다. 1, 2년은 사업 아이템에 대해 더 배우고 연구하며 그것을 내 삶이 되게 하는 것부터 하자고 생각했다. 사업이라고 하기보다 사실, 소명 의식에 더 가깝다. 그것은 '책 쓰기 교실'을 열고 싶다는 것이다. 요즘 책을 쓰고자 하는 사람들은 많다. 하지만 무엇을 어떻게 시작해야지 몰라 도전할 엄두를 내지 못한다. 단지, 생각으로만 그치고 만다. 한 사람 한 사람의 이야기들이 소중하고 아깝다. 나는 그 이야기들을 책으로 듣고 싶다. 한 사람의 경험과 인생은 알찬 정보이자 귀한 지식이며 지혜가 되는 것인데 책 쓰는 방법을 몰라 세상에 드러나지 못하게 되는 것이다. 먼저 책을 쓴 사람으로서 나는 책 쓰기 노하우를 공유하여 원하는 사람들이 자신의 책을 써서 풍성한 지식체계, 다양한 지혜를 서로 나눌 수 있도록 하는 데 작은 힘이라도 보태는 것이 삶의 목표이다. 이 목표를 위해 5년 계획을 생각해봤다.

그 계획을 위해 나는 지금 매일 쓰고 있다. 하루 한 꼭지를 목표로 매일 쓰려한다. 하루 한 꼭지이면 최대 40일이면 초고 하나가 나온다. 초고가 나왔다고 해도 퇴고하고, 계약하고 출판사와 수정하는 시간을 계산해보면 책 한 권의 잉태 기간은 대략 6개월 이상이 걸린다고 할 수 있다. 이런 작업을 여러 책을 동시에 작업한다. 초고를 쓰면서 퇴고를 하고, 퇴고하면서 투고하고 계약하고 하루가 바쁘게 돌아간다. 가장 중요한 일은 초고를 꾸준히 쓰는 것이다. 초고는 책을 출간하기 위해 가장 핵심이며 기본이 된다. 아이 둘 키우면서 하루 1꼭지 쓰는 것이 바쁘다. 그래도 쓴다. 이렇게 쓰는 것에만 집중했는데, 얼마 전에 멘토링을 우연히 시작하게 되었다. 멘토링을 하다 보니 내 글을 쓰면서도 그것이 가능하다는 것을 깨닫게 되었다. 5년 뒤로 가르치는 것을 미룰 필요가 없었다. 해 보니까 그렇다. 왜 나는 5년 뒤로 계획 실천을 미루는데, 한 치의 흔들림도 없었는지 모르겠다. 여러 가지 이유가 있었겠지만 간절한 꿈은 미루지 말고 지금 당장 시작해야한 다는 것을 새삼 알겠다.

보통 책 쓰기를 지금이 아니라 나중에 할 것이라고 미룰 때 5년이란 시간을 자주 언급한다. '5년 뒤에 나는 책 쓰기를 시작할 거야.'라고 말하는 사람이 내 주변에서도 두 사람 있다. 사실, '5년'이라고 했다가 또 어떨 때는 '언젠가는'이라고도 했다가 시작 시점이 모호하다. 어쨌든 지금은 아니고 지금보다 더 멀리 있는 미래에 그것을 하겠다는 의미일 것이다. 사실, 5년이면 꽤 긴 시간인데 책 쓰기를 이렇게 길게 잡는 이유는 그만큼 책 쓰기가 어렵게 느껴진다는 의미일 것이다. 여러 권의 개인 저서를 낸 나는 이제, 일상처럼 쓰지만, 인생 첫 책을 쓰는 사람에게는 책 쓰기가 막막할 것이다. 그런데도 꼭 쓰고 싶은 마음이 있기에 스스로 유예기간을 갖는 것이다. '5년 뒤에는 꼭 쓰겠다.'라고 스스로 위안도 하면서 편안한 마음이 된다.

책 쓰기 5년까지 미루면 더 못쓴다. 우리는 지금이 가장 젊다. 5년 뒤면 그만큼 뇌도 5년 뒤의 뇌가 된다. 물론 책 쓰기 위한 경험은 5년을 더 산 만큼 많아졌겠지만, 경험만 가지고 책을 써내는 것은 아니다. 경험이 많다고 책 쓰기 시작하기가 더 좋다고만 할 수 없다. 요즘은 20대도 책을 쓴다. 아니, 중학생, 초등학생도 책을 쓴다. 사실 책 쓰기는 나이와 상관없다. 경험의 양이 중요한 것이 아니기 때문이다. 초등학생이라도 초등학생만의 경험이 있어서 그 경험으로 책을 쓸 수 있는 것이다. 그리고 초등학생 독자들이 볼 수 있는 귀한 책이 될 수 있다. 같은 동년배가 쓴 책은 더 공감도를 높일 수 있으므로 초등학생이 보기에 좋은 책이 된다. 그렇기에 경험 때문에 책을 못 쓰지는 않는다. 책을 못 쓰는 이유는 방법을 배우지 않았기 때문이고, 그 방법은 수영 배우듯이, 자전거 배우듯이 배우면 되는 것이다. 책 한 권 써야 한다고 생각하면 그것이 부담이지만 쓰기 방법을 배운다고 생각하면 부담이 덜 된다. 책 쓰기 위해 책을 쓰는 것이 아니라 인생 첫 책은 방법을 배우기 위해 책을 쓴다고 책 쓰기를 하나의 배움 수단으로 생각하는 것도 좋다. 미루는 것이 대수가 아니다. '뒤로 미루지만 언젠가는 할 것이다.'라는 생각은 아예 접어버려야 한다. 5년 뒤도 책 쓰기 방법을 배우려는 생각을 못 한다면 상황은 지금 못하는 상황과 똑같게 된다. 지금 당장 책 쓰기 시작한다, '나는 지금 당장, 책 쓰기를 배우겠다.'라고 결심하는 것이 책 쓰기 성공할 수 있는 비법이다

책 쓰기 지금 시작하자. 5년 뒤까지 미루지 말고 바로 시작해야 한다. 5년 뒤에 책 쓰기 환경이 더 좋아질 것 같지만 그렇지 않다. 책 쓰기, 지금 바로 시작해야 하는 이유는 다음과 같다.


첫째, 열정이 식는다.

5년 뒤에도 책 쓰고 싶다는 마음이 여전히 남아 있을지는 미지수다. 열정은 열정이 있을 때 하는 것이 가장 좋다. 열정이 일을 완성하는데 불쏘시개 역할을 한다. 강력한 추진력은 바로 열정이다. 지금의 열정이 5년 뒤의 열정보다 몇 배나 강할 것이다.

둘째, 5년 뒤의 상황이 지금과 크게 달라지지 않는다

5년 뒤의 상황을 아무도 예측 못 한다. 아침인 지금, 당장 저녁의 일도 모르고, 하루 뒤의 일도 모른다. 5년 뒤 책을 쓴다는 것을 어떻게 장담할 수 있겠는가? 지금이나 5년 뒤나 책 쓰기에 대한 한 상황이 똑같을 수 있다. 더 좋아지란 법이 없다.


셋째, 책 쓰기는 방법만 배우면 시도할 수 있다.

책 쓰기도 운동 배우는 것과 같다. 영어 익히는 것과도 같다. 매일 꾸준히, 조금씩 이론과 실습을 함께 연습하는 것이다. 어느 날 뚝딱 머리가 트이고, 몸이 원하는 대로 자유자재로 되는 것이 아니다. 책 쓰기도 꾸준히 매일 글을 쓰며 밥 먹듯이 일상이 되어야 한다. 그래서 5년 뒤 시작한다고 생각하지 말고, 지금부터 조금씩 그 내공을 쌓아야 한다는 것이다. 책 쓰기 방법은 이미 출간된 책에 많이 나와 있다. 책을 읽으면서 스스로 연습해도 된다. 시간을 조금 더 벌고 싶다면, 다른 작가의 조언을 듣기를 권하고 싶다. 자전거 타기, 수영하기, 영어 말하기처럼, 그렇게 책 쓰기도 연습하면서 조금씩 만만하게 될 것이다.


넷째, 책 쓰기 방법을 배우는 것은 내일 아침부터도 당장 시작할 수 있다

방법을 배우는 것은 당장 시작할 수 있다. 책 쓰기도 방법을 우선 배우는 것이니, 그렇게 시작하면 부담스러운 마음이 줄어든다. 책 쓰기 타고난 재능이 아니라, 방법을 배우는 것이라는 것부터 받아들이고 바로 시작해 보자.

다섯째, 책 쓰기는 빠르면 빠를수록 좋다.

나는 인생 첫 책 출간하고 가장 아쉽게 생각한 것이 있었다. "첫 책 출간인데, 웬, 아쉬움이냐?"라고 말 할 수 있겠다. 책 출간이 너무 감사하고 행복한 일이었기에 더욱 아쉬웠다. 그 아쉬움은 조금 더 일찍 책을 쓰지 않았다는 것이다. 책 출간을 하면서 겪은 경험들이 나의 인생을 완전히 새롭게 세팅했다. 한 살이라도 젊었을 때 책 쓰길 나는 지금은 권하고 있다. 어린 내 아이들에게도 책 쓰기만큼은 꼭 가르칠 계획이다.

여섯째, 5년이면 1년에 한 권씩 5권을 쓸 수 있다.

5년 세월에 여러 권의 책을 낼 수 있다. 무슨 일이든 처음이 어렵다. 좋은 일이든 나쁜 일이든 그렇다. 처음의 고비를 넘기면, 그다음에는 그 일을 자주 하게 된다. 책 쓰기도 그렇다. 한 권도 안 쓰는 사람은 있지만, 한 권의 책으로 끝나는 사람은 없다. 한 권을 쓰면 2권, 3권 쓰게 된다. 시간의 차이만이 존재할 뿐이다. 5년 뒤 시작하면, 그만큼 당신

인생의 책의 권수가 줄어든다. 권수가 중요하지 않을 수도 있다고 하겠지만 나는 중요하다고 생각한다. 왜냐하면 1권, 1권이 배움의 과정이기 때문이다. 1권을 쓰기 위해 최소 50권 이상의 책을 훑어 읽어 내려간다. 그리고 자기 것으로 만들어 쓴다. 이것이 바로 배움이고 깨달음이 아니고 무엇이겠는가?

일곱째, 책 쓰면서 깨닫고 도전할 기회를 많이 얻게 된다.

책을 쓰는 동안 변화한다. 책을 쓰고 난 뒤에도 변화하지만, 쓰는 과정에서도 많은 변화가 일어난다. 책 쓰는 과정 자체가 공부이자 깨달음, 배움이기 때문이다. 내 인생의 굵직한 도전은 책을 쓰면서 해왔다. 책을 쓰는 과정에서 불현듯 깨달음이 일어났다. 책을 읽을 때도 마찬가지이고 읽은 내용을 내 것으로 만들어 다시 쓰는 가운데 새로운 아이디어가 번쩍하고 나타난다. 그 아이디어로 나는 도전을 한다. 그래서 책 한 권 쓸 때마다 많은 도전을 할 수 있고, 그런 기회들을 얻게 된다.

"5년 뒤 책 한 권 쓸 거야."라고 말하지 마라. 요즘 책 쓰기에 대한 책들이 많이 나와 있다. 그 책에는 책을 어떻게 쓰는지, 그 방법들에 대해서 친절하면서도 자세하게 이야기하고 있다. 책 쓰기 주제의 책이 강조하는 핵심 내용은 책 쓰기는 타고나는 것이 아니라 방법을 배우면 쓸 수 있다는 것이다. 운동처럼 방법을 배워서 쓰는 것이다, 라고 강조한다. 맞다. 내가 글을 쓰는 것을 봐도, 그 말은 100% 맞다. 평생 글이라고는 쓰지 않았던 내가 책을 조금씩 읽으면서 지금 책도 출간하고 글이라는 것을 쓰고 있다. 5년 뒤로 자신을 숨기지 말고 자신이 진정 원하는 그것을 지금 당장 시작하기를 권한다. 5년 뒤나 지금이나 별 차이 없다. 당장, 책을 쓴다는 생각보다는 책 쓰기 방법을 배운다는 자세로 책 쓰기 시작하시길 바란다.

# 책 쓸 시간이 없다

"아무리 시간이 없어도 꼭 해야겠다고 마음먹은 것은 한다."

시간이 없다는 것이 가장 큰 문제라 여겼다. 처음에는 시간이 없어서 하고 싶은 것을 못 하는 줄 알았다. 남들이 다들 그렇게 말했고 나도 당연히 그런 줄 알았다. 하지만, 한 번 더 생각해 보면 아니다. 문제는 시간이 아니었다. 독서가 그렇고, 책 쓰기도 그렇다. 나는 책 쓰기 전에 책을 먼저 읽었다. 독서를 본격적으로 하기 전에 직장 생활을 하기 바쁜데 언제 책을 읽느냐고 생각했다. 책 읽는 사람은 시간이 많은 사람이거나 세상 편하게 사는 사람이라고 밑도 끝도 없는 주장을 속으로 하고 살았다. 하지만 독서의 가치를 알면서 그런 생각이 완전히 잘못되었다는 것을 알았다. 독서, 마음만 먹으면 할 수 있다고 생각이 바뀌었다. 책 쓰기, 또한 마찬가지이다. '어린아이를 키우는 엄마인데, 아이들 건사하기도 힘든데, 언제 책을 읽고 쓰겠어.'라며 책 쓸 기회를 스스로 차단했었는데 지금은 안다. 책 쓰기에서는 시간이 문제가 아니라는 것을. 아무리 시간이 없어도 책은 쓸 수 있다는 것을.

나는 본격적으로 책을 읽은 것이 그렇게 오래되지 않았다. 대략 5~6년 전 정도이다. 1~2년 읽은 사람보다는 당연히 많은 횟수이지만, 반백 년 산 인생에 비해 지극히 짧은 독서경력이다. 하지만 지금은 누구보다 열정적으로 책을 읽고 있다. 아니, 열정적이기보다는 그냥 생활이 되어 수시로 본다. 처음에는 독서하려면 많은 시간이 있어야 한다고 생각했다. 독서에 대해서 잘 모르니, 나 혼자의 생각으로 그렇게 여겼다. 이 부분을 보면, 독서에 대한 것 외에도 내가 얼마나 착각 속에 살아가는 것이 많을까 생각해 본다. 그런 착각을 하나하나 깨부숴가면서 살아야 하는데, 그런 측면에서 독서의 습관을 들이게 된 것을 정말 다행스럽다. 오래되지 않은 독서 기간이지만, 나는 책을 읽을 수 있게 되어 너무나 감사하다. 독서를 함으로써 의외의 덤들을 많이 얻게 된다.

아무리 바빠도 책 읽을 시간은 있다. 책 읽을 시간이 없다고 하는 사람을 자세히 보면 그 사람의 생각에 책은 반드시 시간이 넉넉해야 읽을 수 있다는 고정관념이 있다. 이런 고정관념은 어릴 때 형성된 경우가 많다. 즉, 독서를 공부하는 것과 같은 개념으로 생각하는 것이다.

책 읽는 것, 공부하듯이 해야 하기에 시간이 있어야 한다고 여긴다. 공부는 시험을 대비한 것이다. 그러니, 머리로 외우면서 한다. 하지만 독서는 그렇지 않다. 외우면서 하는 것이 아니라, 물 흐르듯이 읽으면서 나의 마음에 남는 것이 있으면 좋고, 마음에 남지 않더라도 그것이 아예 없는 것이 아니라, 마음 어느 구석에는 씨앗으로 존재하게 될 것이란, 여유로운 마음으로 읽으면 된다. 그렇기에 공부하듯이, 정자세로 시간을 정해두고 그렇게 하지 않아도 된다. 짬 시간이 날 때 책을 펴서 짧게 읽어도 된다. 오랫동안 장시간 집중해서 읽어야 한다는 선입견을 버린다면 얼마든지 시간이 없는 상황에서도 그 상황에 맞게 잠시라도 틈새 독서를 할 수 있는 것이다.

책 쓰기도 독서와 마찬가지라고 말할 수 있다. 독서가 어느 정도 습관으로 자리 잡기까지 시간과 노력이 필요했다. 책 쓰기도 처음, 그것에 대해 알고 나의 몸에 익혀 습관처럼 만들어질 때까지는 시간과 에너지를 투자해야 한다. 이것은 어떤 일이라도 마찬가지일 것이다. 안 하던 것을 나의 특별 재능으로 만드는 것에 있어서 이 원칙은 그대로 적용된다. 책 쓰기가 어느 정도 몸에 익는다면 독서처럼 짬 시간에도 책 쓰기와 관련된 일을 할 수 있다. 그리고 시간을 확보해서 직접 원고를 쓸 수 있다.

책 쓰기를 할 때는 여러 작업이 필요하다. 우선 주제를 정하고 목차를 만든다. 목차는 대략 40꼭지 전후로 정해진다. 꼭지라는 것은 출판 용어로 보통 소제목을 말한다. 목차가 완성되면, 목차별 사례를 골라서 1꼭지를 쓰게 된다. 1꼭지를 쓸 때 사례라는 것을 수집하고 글감을 찾아야 한다. 직장을 다닌다면 나는 이렇게 권하고 있다. 낮에는 일해야 하니까 이 시간에는 사례, 즉 글감을 머리로 찾는 것이다. 사람들을 만나면서 그 사람의 말 한마디에서 꼭지 사례를 찾을 수 있다. 전화 통화하면서도 역시 마찬가지, 어떤 일을 하면서도 불현듯, 꼭지 제목이 떠오른다. 생각을 어디에 두고 있느냐에 따라 생활 자체가 그 생각의 답을 찾는 시간이 되는 것이다. 이렇게 낮에는 글감을 찾고 퇴근한 시간이나 주말에는 찾은 글감을 가지고 1꼭지 쓰기를 하는 것이다. 요즘 많은 직장인이 일하면서 책을 쓸 수 있는 것은 이런 방법으로 했기 때문에 가능할 것으로 생각한다. 일상에서도, 다른 일을 하면서 책을 쓸 수 있다는 말이 맞는다.

글감을 구한 이후 본격적으로 1꼭지 쓰는 시간을 확보함이 필요하다. 일단은 주말이 가장 좋다고 말하고 싶다. 주말에는 사실 많은 시간이 주어지는데 일만 했던 우리는 그 시간을 어떻게 보내야 할지 때론 막막할 때가 있다. 이 귀한 시간을 평생 버킷리스트로 당신을 따라다니며 마음 한편, 불편하게 한 그 일, 바로 책 쓰기를 하는 것이다. 주말, 늦게 일어나서 아점을 먹고, 그 후 다시 소파에서 1~2시간 늘어지게 꿀잠을 자는 행동은 잠시 접어두자. "주중에 열심히 일했어, 주말만은 내가 원하는 것을 맘껏 할 거야."라지만 아쉬움이 남는 것은 어쩔 수 없다. 책 쓰기를 하면서 아침 일찍 일어나서 나만의 공간에서 주중 생각했던 사례를 가지고 꼭지 글을 써 보는 것이다. 처음부터 잘 되지 않는다. 일단 그것을 받아들이는 것도 지혜로운 일이다. 차츰 좋아진다는 생각으로, 시작이 중요하다는 생각으로 주말에는 책 쓰기 시작하는 것이다. 주 중, 사례나 글감 수집, 주말 1~2꼭지 글 완성, 이렇게 진행하면 당신의 귀한 책은 나오게 되어 있다. 시간이 없어 책 쓰지 못한다는 이야기는 사실이 아니니, 더 이상 자신을 속이지 말아야겠다.

우리는 아무리 시간이 없어도 여유롭게 먹고 잔다. 느리게 먹는 사람은 하루 3끼 밥 먹는 시간만 해도 2시간이다. 잠자는 시간을 1시간만 줄여도 일하는데 사는 데 지장 없다. 습관 때문에 자던 대로 자는 것이다. 먹는 시간 1시간, 잠자는 시간 1시간만 줄이면 2시간이 확보된다. 또 자신이 줄일 수 있는 다른 시간도 점검해 보자. 만약, TV 보는 시간이 많다면 그 시간만큼은 아낌없이 대폭 줄여야 한다. 하루 중 가장 많은 시간을 차지하면서 소득이 없는 것이 TV 보는 시간이 되기 때문이다. 현재 인생을 바꿀 수 있고 더 가치 있는 인생, 원하는 인생을 살 수 있도록 하는 것은 이런 일상사보다는 누구나 강조하는 독서, 책 쓰기에 시간을 할애할 때이다. 반복적으로 무의미하게 하는 일상의 일 대신에 독서나 책 쓰기 같은 일들을 우선 챙긴다면 많은 것이 달라질 것이다.

시간이 아무리 넉넉해도 마음이 없으면 책 쓰기는 못한다. 시간이 없어서 물론 책 쓰기를 못하는 것도 아니다. 시간과 책 쓰기는 관련이 없다. 독서가 그렇듯이 책 쓰기도 그런 것이다. 자투리 시간 독서가 가능하듯이 책 쓰기도 마찬가지이다. 1꼭지 글을 쓸 때 바로 쓰는 것이 아니기 때문이다. 글감이 필요하고 그것을 어떻게 엮을 것인지 구상이 필요하다. 그래서 일하면서도 책 쓰기가 가능하다. 생각을 바꾸자, 의식을 업그레이드시키자, 책 쓰기에 대해 조금 더 알아보고, 배우자, 그리고 실천하는 것이다. 책 쓰기를 버킷리스트로 그냥 내 버려두지 말자. 책 쓰기, 나의 간절한 소망에서 현실이 되도록 지금부터 바로 시작해 보는 것이다.

# 내가 할 수 있을까?

어떤 일을 새로 시작할 때, 가장 먼저 드는 생각이 바로 이것이다.

'내가 할 수 있을까?'

시작할 때부터 부정적인 생각들이 나의 몸을 죄어온다. 머리에서부터 시작한 이 생각은 온몸을 휘감고 움직일 수 없게 한다. '내가 정말 해낼 수 있을까?'라는 생각을 하고 있는데 어떻게 한 발짝이라도 나아갈 수 있겠는가? 내가 책 쓰기를 처음 시작할 때 나 역시 그랬다. '내가 정말 쓸 수 있을까?, 한 권이란 분량을 무엇으로 다 채울까?, 지금 나는 할 말이 그렇게 많지는 않은데, 도저히 불가능할 것 같다.'라고 계속 부정적인 생각들이 이어진다. 이런 상황을 그대로 둔다면 책 쓰기는 힘들 것이다. 이럴 때 부정적인 생각의 싹을 잘라버려야 한다. 결단을 내리고 자신감을 느끼기 위해 노력해 보자.2020년 5월. 공저를 출간했다. 제목은 《나는 성장하는 엄마입니다》이다. 내 인생 첫 책을 쓸 때 알게 된 작가님들과의 공저이다. 부천에 사는 임인경 작가, 제주도에 사는 우희경 작가, 나는 원고 집필 당시 필리핀 세부에 있었다. 이렇게 사는 곳도 멀리 떨어져 있는 엄마 작가들이 마음을 모아 공저를 완성하고 출간까지 했다. 이 책은 우리, 엄마들의 이야기이다. 두 아이의 엄마이면서 성장을 위해 어떤 생각으로 살아가는지를 썼다. 다들 바쁜 가운데도 원고 쓰기를 멈추지 않았다. 우희경 작가는 아이들이 아직 어리다. 아이 둘 다 유치원에 다니고 있다. 그러면서 글쓰기 지도를 하면서 미래의 꿈과 연관된 일을 차근차근해나가고 있다. 임인경 작가는 직장을 다니면서 남편의 뒷바라지까지 하며 자신의 꿈을 달성하기 위해 없는 시간을 쪼개가며 노력하고 있다. 나 역시 늦은 나이에 아이 둘을 데리고 필리핀 세부에서 세부 살이를 했다. 늦게 얻은 아이들인 만큼 더 소중하게 느꼈고 아이들에게 많은 경험과 추억을 안겨주기 위해 세부 살이를 강행했다.

공저 출간 소식을 나는 대학 동기 방에 알렸다. 바쁘고 힘겨운 상황 가운데 열정을 불태워 쓴 만큼 공저를 쓰는 시간이 또 한 번 성장하는 시간이었다. 한 권, 한 권이 소중하지 않은 책이 없다. 그 누군가가 악평을 할지라도 한 권의 출간으로 혜택을 받는 사람은 반드시 있을 것이라 믿는다. 우선은 나 자신이 수혜자이다. 쓰기 위해 읽고 더 공부하고 알게 되었으니 첫 번째 수혜자라고 할 수 있다. 또한 그 누군가에게는 삶을 바꿀 만큼 새로운 도전을 자극받는 계기가 되기도 한다. 이렇게 소중한 책이기에 나는 주위 사람들에게 출간 소식을 알린다.

대학 동기들의 축하와 격려의 말 한마디는 나 자신에게 동기부여가 된다. 동기 단톡방이 있지만, 평상시에는 특별히 이야기를 전하지 않는다. 그러다가 특별한 일이 있으면 소식을 전하게 된다. 단톡방이 친정 같다. 특별한 일, 즉, 출간 소식 같은 것은 꼭 보고하게 된다. 답글로 표현을 하는 동기들도 있고, 항상 묵묵히 지켜보는 동기들도 있다. 성향이 다른 만큼 표현도 다르다. 다들 기본적으로 서로를 응원하는 마음이 깊다. 나는 공저 소식을 전하면서, 현재 내가 멘토가 가능하다는 이야기도 전했다. 책 쓰기, 모를 때는 별 가치를 못 느끼다가 책을 쓰면서 이것만큼 삶을 변화시키는 것도 없다는 것을 알게 된 이후, 모든 사람에게 책 쓰기의 가치를 전하고 싶다는 강한 열망을 나는 가지게 되었다. 그래서 동기들도 책을 썼으면 하는 마음이 진작 있었다. 그래서 책 쓰기를 함께 할 수 있고 동기들이 책을 썼으면 좋겠다는 바람을 이야기했다. 격려의 메시지 중, 한 명이 자신도 책 쓰기 도움을 받고 싶다는 메시지를 올렸다.

그래서 나는 그 동기에게 메시지를 보냈다. "네가 책 쓰기를 했으면 하는데 너의 생각은 어떻니?"라고 조심스럽게 의사를 물었다. 그 동기의 페이스북을 간혹 봤다. 귀농해서 멋지게 신세대 농부로 변화되는 모습을 볼 수 있었다. 공부는 공부대로 계속하면서 그렇게 농사의 일에도 열중하는 모습이 참 보기 좋았고 훌륭해 보였다. 이 친구라면 또 다른 비슷한 환경에 있는 사람들을 위해 책을 쓰면 좋겠다는 마음이 강하게 들었다. 그래서 메시지도 보내게 되었다.

"내용 고마워.
내가 책을 쓸 수 있을까?
부럽긴 한데 엄두가 안 나네.
뭘 쓸지도 모르겠고.
일단 생각해볼게^^"

대부분 사람이 그렇다. 책을 써야 한다고 생각하면, '내가 책을 쓸 수 있을까?'라는 생각부터 하게 된다. 이런 생각은 자연스럽다. 하지만 책을 쓰는 사람과 쓰지 못하는 사람의 큰 차이는 이다음부터이다. 이런 부정적인 생각을 없애고 '나는 책을 쓰고 싶다.'라는 생각에 집중하면 책 쓰기 시작할 수 있다. 나는 동기가 자신감을 가지길 진심으로 바란다. 농사의 세계를 개척하여 현재는 어느 정도 안정을 찾았듯이 책 쓰기도 그렇게 개척하여 멋진 경험과 메시지를 나누는 책이 완성되기를 희망한다.

자신감을 가지자. '내가 할 수 있을까?'라는 부정적인 생각에 휘둘리지 말자. 이런 생각들에서 벗어나고 책 쓰기에 자신감을 가지는 방법이 있다. 조금 시간을 투자하더라도, 내 이름 박힌 책 출간이란 큰 그림을 가지고 책 쓰기에 대한 자신감을 얻기 위해 다음과 같이 노력해 보자.

첫째, 그동안 쓰지 않았기에 부정적인 생각이 든다는 것을 인정하자.

둘째, 쓰면, 뭔가 변화할 것이라고 확신하자.

셋째, 글을 쓰는 작가와 자주 연락하사.

넷째, 하루 책을 3번 펼치자.

다섯째, 책 한 권을 정해 필사부터 시작하자.

여섯째, 작가들의 이야기에 귀 기울이자.

일곱째, 나의 환경을 글과 책의 환경으로 바꾸자.

여덟째, 쓰는 것이 익숙할수록 책 쓰기는 자신감이 생긴다.


'내가 할 수 있을까?' 라고 생각하는 것은 당연하다. 그런 생각들은 자연스러운 생각이다. 그것이 잘못된 것은 아니다. 새로운 일을 시작하려 하는데 그런 생각이 안 든다면 오히려 이상한 일이다. 하지만, 그런 부정적인 생각을 계속 이어가거나 그 생각들 때문에 버킷리스트이자 평생 꿈이었던 책 쓰기를 포기해서는 안 된다. 부정적인 생각은 단 1초도 생각할 가치가 없다. 부정적인 생각들로 뇌를 채우면 부정적인 결과 밖에 나올 것이 없다. 들어간 대로 나오는 것이 컴퓨터만 해당하는 일이 아니다. 긍정적인 생각으로 책 쓰기 과감히 시작해보길 바란다. 그 누구도 이 부분에 있어서 대신해줄 수 없다는 것을 인지하고 마음을 다잡아야 한다. 자신감을 높이는 방법대로 실천해 보고 긍정적인 마음으로 책 쓰기 시작하는 것이다.

# 이 나이에 책은 왜 써, 편하게 살자

"엄마, 저 이번에도 책이 출간되었어요."

연세 많으신 어머니는 축하한다는 말씀 대신 대뜸 다음과 같이 대답하신다.

"애도 어린데, 힘들게 책은 왜 자꾸 써?"

나의 답은 이랬다.

"엄마, 애 키우기 힘드니까 쓰는 거예요. 책 쓰면 애 키우기도 덜 힘들어요."

맞다. 나는 육아가 힘들어서 더 쓴다. 나이가 많을수록 써야 한다고 강조하고 싶다. 힘든 상황일수록, 나이가 많을수록 책을 써서 힘든 현실의 완충지대가 되도록 해야 한다. 최소한 심리적인 부분에서는 책을 쓰면서 어느 정도 해결되는 지점이 있다. 책 쓰기를 통해서 몸은 조금 더 피곤할 수 있겠지만 정신적 피로감은 줄고 얻는 것이 많다.

내 나이 반백 년 되었다. 그동안 살아오면서 '내 인생에서 이것 안 했으면 큰일 날 뻔했어.'라고 생각하는 2가지가 있다. 그것은 필리핀 세부 살이와 책 쓰기이다. 늦은 나이의 도전이었던 세부 살이, 큰 삶의 변화를 가져다준 책 쓰기, 이 둘을 경험하지 않았다면 나는 지금의 소중한 것을 얻지 못하고 살던 대로만 살아갔을 것이다.

'세부 살이'를 통해서 느끼고 배운 것들이 많다. 2가지를 말해 보자면, 다음과 같다.

첫째, '세계는 가까운 이웃이다.' 이란 것을 피부로 공감하지 못했을 것이다. 필리핀 세부 살이를 통해 세계는 가깝다는 것을 제대로 느꼈다. 우리나라가 아닌 필리핀 세부, 처음 그곳을 갈 때와 가서 살아볼 때는 마음이 달라진다. 처음 비행기를 타려고 했을 때 멀리 이국만리를 가는 것처럼 마음이 우울하기도 했다. 설레는 마음 역시 있었지만, 한편으로 멀리 고국을 떠난다는 것이 마음을 무겁게 한 것이다. 하지만 한 달, 두 달 살면서 알게 되었다. 교민들은 필리핀 세부에서 급한 일이 생기면 바로 비행기를 타고 한국을 간다는 것을. 어떤 경우에는 병원을 가기 위해 한국을 가기도 한다고 한다. 그 정도로 교민들의 생각은 한국과 필리핀을 그냥 옆 동네처럼 생각하고 있었다. 시간이 흐르면서 나도 그들처럼 변했다. 외국 땅도 조금 먼 옆 동네일뿐이라는 것을. 한국에 있을 때는 이것을 피부로 느끼지 못했는데 실제로 외국에 살아보니 자연스럽게 세계는 이웃이란 것을 알게 되었다. 생각이 바뀌면 삶의 행동도 바뀌는 법. 이런 생각들이 활동 무대를 넓히는 계기가 된다.

둘째는 영어는 공부의 대상이 아니라 생활이다.

외국에 살면서 가장 많이 느끼는 부분이 언어이다. 한국에서 아무리 잘하는 영어 실력이라도 현지에서는 또 적응해야 한다. 영어가 모국어인 나라에 살면서 나도 그 모국어를 하기 위해 노력해야만 한다. 왜냐하면, 생활을 위해서이다. 아이들 학교에 가서 선생님과 만나기도 하고, 아이들이 아프면 병원에 가서 의사에게 아픈 증상을 이야기해야 한다. 모든 생활에서 영어는 중요한 부분이 되는 것이다. 그래서 더욱 열심히 하게 된다. 필요 때문에 스스로 영어 공부를 하게 된다. 한국에 있을 때는 영어가 공부의 대상이었다면 세부 살이를 통해서 영어가 생활을 위한 것으로 바뀌게 된다. 영어에 대한 인지의 변화, 이것만으로도 큰 수확이다.

남들보다 한참 늦은 나이에 시작한 나의 책 쓰기, 정말 잘했다고 생각한다. 이것으로 인해 나의 인생, 새롭게 변화되었다. 내 인생에 혁명을 일으켰다고 말하고 싶은 책 쓰기, 이것이 없었다면 지금 누리고 있는 것을 나는 누리지 못할 것이다. 책 쓰기를 통해 얻은 것은 여러 가지이다.

책 쓰기를 함으로써 아웃풋이 가능한 성장이 계속 일어나고 있다. 직장인이라면 자기 계발을 위해 매일 노력한다. 그것을 위해 직장이 끝나고 피곤한 몸을 이끌고 다른 기관으로 이동한다. 하지만 책 쓰기를 한다면 굳이 이렇게 어렵게 자기 계발하지 않아도 된다. 몸이 덜 피곤하면서 아웃풋이 가능한 자기 계발과 성장이 되는 것이다. 쓰기 위해서 읽는다. 그런 독서는 읽기 위해 읽는 독서와 좀 다르다. 읽기 위해 읽는 독서는 읽고 나서도 기억에 남는 것이 적다. 읽는 순간에 즐기고 책을 덮으면 잊어버린다. 하지만 쓰기 위해 읽는 독서는 기억에 오래 각인이 된다. 시험공부를 할 때 생각하면 쉽게 이해된다. 그냥 공부할 때 비해 시험에 무엇이 나올 것인지 생각하면서 공부를 할 때 더 잘 기억되고 시험점수도 높다는 것과 같다. 쓸 것을 생각하고 읽기 때문에 감동 문구를 더 잘 발견하고 각인도 잘 된다. 그렇게 입력과 출력이 월등히 좋아지니 더욱 성장하게 된다. 어디를 가는 것도 아니라 노트북이 있는 곳이 바로 아웃풋이 가능한 성장이 가능한 곳이 되니, 시간을 벌 수가 있다. 여러모로 책 쓰기는 성장의 최고 시스템이라고 할 수 있다.

책 쓰기를 하면 자존감이 상승한다. 책을 출간하면 책 쓴 주제에 대해서는 전문가로 어느 정도 인정을 받는다. 왜냐하면 그 책을 쓰기 위해 공부하고 연구했다는 것을 알기 때문이다. 책 한 권 쓰면 조금만 연습한다면 어느 곳에서나 강의도 할 수 있다. 남들이 하지 못하는 것, 책도 내고, 강의도 가능하므로 자존감이 상승할 수밖에 없다. 직장인들은 조직 생리상 항상 자존감이 바닥을 칠 때가 많은데, 이럴 때일수록 책 쓰기를 해야 한다고 생각한다. 나도 직장인이기에, 더욱 직장인의 책 쓰기를 강조하고 싶다. 그래서 자존감 높이고, 직장 생활도 더욱 활기차고 왕성하게 하길 바란다.

책을 쓰면 제2의 인생 설계를 하는 것과 같다. 책을 쓰는 사람은 언제든 책 쓰기를 가르칠 수 있다. 왜냐하면 책 쓰기에 대한 경험과 노하우가 쌓였기 때문이다. 한 권의 책을 쓴 사람도 1권을 씀으로써 쌓은 경험과 노하우를 가지고 충분히 가르칠 수 있다. 오히려 이런 사람이 인생 첫 책을 쓰려는 사람에게 더 큰 동기부여가 될 수 있다. 책을 많이 썼다고 그 사람이 더 잘 가르치고, 더 큰 동기부여를 줄 수 있는 것이라고 장담할 수 없다. 작가로서는 가르침으로써 더 실력이 늘고 더 성장하기도 한다. 의료시스템과 비슷한 부분이 있다. 정말 중한 환자일 경우 대학병원을 가야겠지만, 경환자일 경우는 굳이 대학병원 같은 큰 병원을 갈 필요가 없다. 오히려 감염의 가능성이 커 다른 부작용이 생길 수도 있다. 그래서 동네 의원을 찾아야 한다. 동네 의사의 진찰과 처방을 받고 충분히 완쾌될 수 있는 것이다. 대작을 쓰려는 사람이 아니라면 굳이 기성작가의 지도만을 바랄 필요는 없다. 책 쓰기는 기술이기 때문에 그 기술을 배운다는 생각으로 소박하게 책 쓰기 시작하면 인생 첫 책도 내고, 책 쓰기 기술도 배우게 될 것이다. 그리고 책 쓰기로 제2의 인생 프레임을 만들 수 있다. 나는 현재 그런 상황이다. 책 쓰지 않았다면, 나는 인생 2막을 생각하기는커녕 언젠가는 끝날 직장 생활에 대해 대비도 하지 않았을 것이다.

꾸준히 쓰면, 살수록 내가 출간하는 책의 권수는 늘어 간다. 옛날 같았으면 책 쓰기는 나와 상관없는 일이라고 아예 생각지도 않았는데 그 어려운 감정을 무시하고 책을 씀으로써 현재는 13권의 저서를 보유하게 되었다. 특별한 이변이 없는 한, 시간이 지날수록 나는 계속 출간할 것이다. 나는 쓰면 쓸수록 쓸 거리가 많아진다는 것을 발견했다. 한 개의 원고가 끝나면 다음에 쓸 주제와 제목을 생각하게 되고 그러면 또 아이디어가 떠오른다. 나의 삶을 재료로 책을 쓰기 때문에 그 주제와 제목은 무궁무진하다. 책 쓰기 안 했다면 현재 누리고 있는 이런 것을 얻지 못했을 것이다. 나이가 많다고 도전하지 않았다면, 앞으로 살 수 있는 40년을 책 쓰기에 대한 가치를 모르고 살았을 것이다.

책 쓰기에 있어서 늦은 나이란 없다. 나이는 정말 숫자일 뿐이다. 어리다고 책을 못 쓰는 것도 아니다. 요즘 작가들의 나이를 살펴보자. 정말 젊은 사람들이 많다. 옛날 같았으면 젊은 사람들이 무슨 책을 써, 경험도 많지 않을 텐데,라고 했을 것이다. 하지만 독자들의 연령대가 다양한 만큼, 작가의 연령대도 다양해야 하는 것이 맞다. 나이가 많은 사람이면 많은 경험과 노하우를 풀 수 있어서 꼭 책을 써야 하는 이유가 된다. 몸이 조금 피곤할 수는 있다. 책 쓰기를 하다 보면 오래 책상에 앉아있어야 하고, 자판도 쳐야 하고……안 하든 운동하듯이 그렇게 힘든 부분도 있겠지만 그런 것은 다 적응이 된다. 정신적인 부분에서는 오히려 만족감과 행복감이 커진다. 책 쓰기는 정신적인 효과가 크다. 그래서 힘든 상황일수록 나이가 든 사람일수록 책 쓰기를 해야 한다고 나는 권한다. 특히 하루하루 숨 쉴 틈도 없이 바쁘게 사는 직장인일수록 숨을 고르고 무엇을 향해 뛰어가야 할지 생각하면서 살기 위해 책 쓰기가 꼭 필요한 것이다. 정년을 앞둔 직장인들도 당연, 책 쓰기만큼 좋은 것이 없다. '이 나이에 책은 왜 쓰니?'라고 생각하지 말자. 나이가 들수록 책 쓰기 도전, 선택이 아니라 필수이다.

# 글 써 보지 않았는데 될까?

안 하던 것을 하려면 겁부터 난다. 사실 맞다. 그동안 하지 않은 것들, 하지만 결단을 내리고 해야 할 때가 있다. 평생 해보지 않은 것이라도, 그것이 나에게 행복을 안겨다 준다면, 나의 인생을 긍정적으로 변화시킨다면, 해 봐야 한다. 우리는 습관적으로 살아갈 수 있다. 살던 대로 살아간다. 하지만 조금만 생각한다면, 우리가 무엇을 해야 할지 분명해진다. 우선, 해야 할 것과 해서는 안 되는 것을 구분하고 해야 할 것들에 시간과 에너지를 투자해보아야겠다.

2020년 3월 25일, 나는 필리핀에서 귀국했다. 귀국 1년 반 전부터 아이들과 필리핀에서 세부 살이를 했다. 갑자기 코로나바이러스가 전 세계적으로 확산하였고 아이들 학교에서는 방학도 시작하기 전 등교 중지를 결정했다. 필리핀에서는 학기가 한국과 다르다. 6월 학기 시작해서 3월 말에 학기가 끝난다. 대략 10개월 정도 수업을 받고 나머지 6월 중순쯤에 개학하면서 새로운 학기를 시작한다. 아이들 학교는 2월 중반쯤 일시 등교 중지가 되었고 그 이후부터 등교 중지 상태이다. 코로나19 사태는 처음에 세부에서는 확진자가 많이 나타나지 않았지만, 한국에서 잠잠해질 때쯤, 1명, 2명 늘어나기 시작하더니 확산하는 상황이 되었다. 정부에서도 코로나 대책의 측면으로 사람들이 모이는 것을 최대한 예방하기 위해 정책적 규정을 강화했다. 그런 차에 나는 아이들과 함께 귀국했고 한국 집에서도 계속 스스로 2주간 자가 격리를 시작했다. 자가 격리하면서 한국 음식이 이렇게 맛있나, 새삼 느꼈고 샘솟는 식욕을 주체하지 못하고 먹었다. 살은 2주 만에 3킬로는 넘게 불어났다.

얼마 전부터 '점핑'이라는 운동을 시작했다. 외국에 갔다 오니 한국에서 먹는 모든 음식이 맛있었다. 필리핀을 가기 전에는 알지 못한 사실이었다. 그냥 맨밥만 먹어도 맛있다. 사실 필리핀 쌀은 끈기가 없는 쌀이다. 우리나라 쌀은 좋은 쌀, 찰지며 맛나고 먹고도 든든하고 여러모로 좋다. 그래서 맨밥으로도 많이 먹었다. 가끔 식당에서 사 먹는 음식 또한 나의 식욕을 자극했고 먹는 것이 즐거운 행복인 나날들을 보냈다. 그러니, 살이 확찐 확진자가 되어 이제는 더는 안 되겠다고 생각하게 되었다. 그러는 차에, 인스타그램에서 대학 동기의 놀라운 변화의 모습을 발견하게 되었다. 동기는 매일 같이 운동한다. 홈트처럼 운동하는 장면을 동영상으로 찍어서 인스타그램에 올렸다. 탄탄한 어깨 근육과 다리 근육, 50대라고 말할 수 없는 탄탄하면서 날씬한 몸매를 보여주었다. 그리고 결정적으로 그 동기가 하는 운동이 '점핑'이었다. 그래서 나도 용기를 내기로 했다. 나도 한번 해 보자. 하지만 용기가 나지 않았다. '점핑'이라니 한 번도 해보지 않았는데, 내가 할 수 있을까? 아이들이 하는 팡팡하고 비슷한 것 같은데, 어른인 내가 그런 것을 할 수 있을까? 자신감이 없었다.

하지만 지금은 매일 점핑장을 찾고 있다. 처음 많이 망설였는데, 아이들과 함께 시작하면서 점핑장을 찾기가 좀 쉬웠던 것 같다. 그리고 그곳에서 여사장이 친절하게 점핑하는 방법에 관해서 설명해 주고 코치인 사장의 아들은 매번 운동 중간에 역시 자세히 설명해 주고 가르쳐주었다. 시간이 지날수록 재미가 있었다. 그리고 더욱 기분 좋은 일은 나의 팔근육과 허벅지 근육이 탄탄해지고 왠지 젊어진 느낌이 들었다는 것이다. 걷기를 할 때도 뭔가 사뿐한 느낌이 들었다. 이것이 바로 운동이구나, 뱃살도 물론 빠졌지만, 물컹한 살들이 근육으로 바뀌고 힘든 활동들도 가뿐하게 할 수 있다는 것이다.

글쓰기도 마찬가지로 시작할 수 있다. 그동안 글이라는 것을 써 보지 않았기 때문에 걱정도 많이 되겠지만 함께라면 쓸 수 있다. '글을 어떻게 함께 써? 무슨 말이야.'라고 생각할 수 있겠지만 함께라서 쓰는 것이 가능하다. 함께 해야 하는 이유는 글쓰기, 책 쓰기의 세계가 처음이기 때문이다. 물론, 일기나 기타 글을 써봤을 수도 있다. 하지만, 그것은 정식으로 책을 내기 위한 글이 아니었다. 책 쓰기를 위한 글이 아니기 때문에 책 쓰기를 위한 글쓰기를 누군가의 조언을 얻어 그 세계에 들어서는 것이 중요하다고 말하고 싶다. 나도 역시 그렇게 이 세계를 들어오게 되었고, 누구보다 짧은 기간 여러 권을 출간했고 더 출간하겠다는 생각도 가지게 되었다.

글쓰기 혼자보다는 함께 쓰면 좋은 이유가 있다. 책 쓰기 시작하는 사람들이 가장 걱정하는 부분이 1꼭지를 어떻게 쓰느냐는 것이다. 보통 1꼭지라면 A4 2장 반 정도라고 할 수 있다. 이 2장 반을 40개 전후로 만들면 책 한 권이 된다. 책 한 권을 쓴다고 생각하는 사람도 가끔 있는데 처음부터 그렇게 생각할 필요는 없다. 책 한 권을 보면 도저히 불가능한 것처럼 생각된다. 사실 매일 책을 쓰는 나도 책 한 권 쓴다는 생각은 안 한다. 1꼭지 글을 쓴다고 생각할 뿐이다. A4 2장 반을 쓰는 것도 처음 쓰는 사람은 부담이 될 수 있다. 부담되는 것이 증상이다. 1꼭지를 쓰면 책 한 권 쓰는 것은 전혀 문제가 되지 않는다. 그래서 1꼭지 쓰기를 집중하여 공략해야 하는데 그러기 위해서 그 길을 먼저 간 사람의 조언을 받아들여서 하는 것을 권한다. 그렇게 한다면, 좀 더 쉽고 빠르게 1꼭지 쓰기를 할 수 있다. 어린아이들이 선생님의 코치가 필요하듯이, 책 쓰기에 있어서 어린아이와 같은 자신이 지도를 받는다면, 더욱 쉽고 빠르게 그 일을 해낼 수 있을 것이다. 혼자서 쓴다고 하더라도 언젠가는 해낼 수 있다. 하지만 시간을 많이 투자해야 한다는 점을 기억해야 한다.

혼자 쓰겠다는 사람도 있다. 그런 사람에게도 방법은 있다. 혼자 쓰지만, 함께 쓰는 방법이다. 그것은 바로 필사를 하는 것이다. 필사라면 기존에 출간된 책으로 매일 1꼭지씩 따라서 쓰는 것이다. 지도를 받을 때도 필사는 꼭 해야 한다. 필사를 통해서 1꼭지 쓰는 감을 빠르게 습득할 수 있다. 혼자 책 쓰는 사람도 출간한 책을 보면서 연구하고 필사로 실습하면서 책 쓰기에 도전할 수 있다고 본다. 하지만 시간은 더 걸린다. 느리지만 여유를 가지고 책을 쓰고자 한다면 필사를 통해서 기성작가와 간접적으로 함께 가는 것이 가장 좋은 방법이라고 말하고 싶다. 이렇듯, 글을 한 번도 써 보지 않은 사람이라도 얼마든지 책 쓰기를 할 수 있다. 책 쓰기 위한 글을 안 써봤다고 못 쓰는 것은 아니다. 결심을 못 내려서 책을 못 썼을 뿐이지, 글 안 써 봤다는 사실이 문제가 되지는 않는다.


책 쓰기를 한다고 상상했을 때, 사람들은 생각한다. '나는 글이라는 것을 써 보지 않았는데, 내가 책을 쓴다는 것이 가능할까?'라고 강하게 부정한다. 나도 인생 첫 책인 《하루 한 권 독서법》을 쓰기 전에 글이란 것을 거의 써 보지 않았다. 하지만 결단을 내리고 매일 필사하고 조금씩 나의 목소리를 실은 글을 쓰기 시작하니 글쓰기 실력도 점점 좋아지게 되었다. 오히려, 그전에 안 써봤기 때문에 더욱 써봐야 한다. 쓰는 방법으로 가장 좋은 것이 책 쓰기이다. 책 쓰기 기술도 배우면서 글도 쓰는 것이 인생을 쓰는 인생으로 확실히 바꾼다. 쓰는 인생, 특히 책 쓰는 인생은 그 가치를 따지자면 그 어떤 가치보다 월등히 앞선다고 말하고 싶다. 책 쓰면서 그 전보다 훨씬 많이 읽게 되고 읽으면서 알게 되고 그것을 나의 것으로 만들어 책으로 남기게 된다. 분신인 책은 내가 집 안에 있더라도 스스로 돌아다니면서 나를 홍보한다. 나 대신에 나의 메시지를 사람들에게 전달한다. 월세 받는 부자처럼 내가 일을 하지 않아도 알아서 경제적인 수익을 창출할 수도 있다. 내적, 외적, 모든 부분에서 책은 나를 위해서 놀라운 일들을 해내는 것이다. 글을 써 보지 않았다고 염려하지 말자. 염려하는 마음은 접고 '그래, 안 써봤으면 어때? 지금까지는 안 써봤기 때문에, 이제 본격적으로 써 보자.'라는 마음으로 책 쓰기 시작하는 것이다. 책 쓰기 응원한다.

# 책 쓰기 아무나 하나?

책 쓰기 이제, 아무나 한다. 과거에는 크게 성공한 사람이나 대단한 학식을 겸비한 사람, 남들보다 월등히 잘나가는 사람일 경우에 책을 썼다. 하지만 지금은 아니다. 그런 명성이나 전문적인 지식, 학식이 없더라도 쓴다. 책은 쓰기로 결단을 내린 사람이 쓰는 시대이다. 결단 내리고 방법을 배워 1꼭지씩 써 내려가면 어느 순간, 초고 완성하고 퇴고한 후, 인연이 닿는 출판사를 만나 책을 출간하게 된다. 이 과정이 나의 인생에서 일어나지 않을 것 같지만 충분히 일어날 수 있다. 출간하는 작가들을 보면서 알 수 있다.

내가 책을 읽기 시작한 것은 대략 6~7년 전부터였다. 내 인생 가장 힘들고 안개 낀 세상처럼 막막한 상태에서 책이란 것을 잡았다. 늦은 나이에 시작한 출산과 육아는 나를 성장시켰다. 나이만 먹었지, 육아에 대해서는 완전 문외한의 시기를 보냈다. 젊은 엄마들과 육아 고민을 공유하기가 편치 않았다. 그래서 자연스럽게 책을 잡게 되었다. 인생을 돌이켜 봤을 때, 내가 처음 책을 읽은 것은 대학교 때였다. 독서가 중에 어릴 때부터 책을 읽은 경우가 많은데, 나의 경우, 어릴 때는 책 근처에도 가지 못했다. 나에게 있어서, 책이라고는 학교의 교과서가 전부였다. 그리고 대학에 와서, 책이라도 한번 읽어보자는 각오로 대학 생활을 책 읽기 중심으로 보냈다. 그러다 대학을 졸업하면서 책을 손에서 놓았다. 그리고, 16년 이상이 긴 시간이 지나서 다시 책을 찾게 된 것이다. 책을 읽기 시작한 이유가 육아였기에 육아서 위주로 읽었다.

육아서는 나에게 가뭄의 단비 같았다. 남편을 따라 강원도 사창리에 있던 나는 어린아이들을 어떻게 키워야 할지 고민스러웠다. 엄마들이 정말 대단하다고 생각했다. 이 힘든 육아를 어떻게 해냈을까? 힘들고 위대한 육아를 하면서 전혀 티도 내지 않고 당연한 듯 아무렇지 않게 아이를 키워낸 엄마들을 그 당시에는 정말 훌륭하다고 생각했다. 나는 당장 육아 문제에 대한 조언이 필요했다. 그래서 사창리에서 자가용으로 30분가량 타고 가면 있는 화천 도서관을 찾았다. 사창리에는 도서관이 없었기에 3살인 둘째를 태워서 데리고 갔다. 책은 최대로 빌릴 수 있는 권수만큼 빌려서 집으로 돌아오곤 했다. 집에 와서는 제목 하나하나를 보면서 아껴가면서 책들을 읽었다. 내용 하나하나가 나에게는 살이 되고 피가 되는 느낌이었다. 실제 아이를 키운 엄마들의 경험과 노하우들이 얼마나 알짜배기 내용인지 모르겠다. 나에게는 최고였다. 나는 지금도 아이 키우는 엄마들이라면 육아서는 꼭 읽으라고 말하고 싶다. 왜냐하면, 말로는 다 기억하지 못하는 것들이 책에는 다 정리되어 있다. 그것도 아주 친절하게 이해되기 쉽도록 실제 경험을 사례로 넣어서 아주 자세하게 글로 남겨두었다. 이 육아서를 읽었기에 나는 무난히 아이들을 키울 수 있었다고 생각한다. 지금도 마찬가지로 나는 여전히 육아서를 읽고 있다.

육아서를 읽으면서 나는 느꼈다. 육아서를 쓴 사람들은 지극히 평범한 엄마들이었다. 아이를 키우면서 자신의 실수담, 실수하면서 배우고 느낀 것, 그리고 육아 노하우들을 책으로 쓴 것이다. 그들이 대단한 학식이 있어서 쓴 것은 아니다. 물론 간혹 소아청소년과 의사들이 쓴 책들이 나온다. 하지만 개인적으로 많이 배운 분들이 쓴 책보다는 이런 평범한 사람들이 자신의 육아 경험을 쓴 것이 더 친근하고 이해도, 기억도 잘된다. 필력은 중요하지 않았다. 이상하지만 그렇다. 그래서 나는 개인적으로 이런 평범한 사람들이 쓴 것을 더 찾아 읽어보려고 했다. 평범한 가운데, 비범한 것들, 아주 요긴한 것들을 더 많이 발견했다.

책을 읽으면서 나는 책을 써 보고 싶다고 생각했다. 독서를 하기 시작한 지 4년이 흐른 뒤였다. 책 권수도 세어보면 대략 500권 정도. 정확하지는 않지만, 그 정도 되는 듯하다. 육아서를 대략 200권 정도 읽었고, 그 이후 나의 관심 주제는 확대되어 더욱 읽게 되었다. 독서도 진화되었다. 처음에는 자신의 필요에 의한 주제를 선택해서 읽다가 독서의 맛을 들인 이후에는 다음 주제로 이동하게 된다. 그리고 그 주제는 더 확대되어, 점점 관심 영역이 넓어지고, 읽는 만큼 많은 주제, 다양한 글들을 접하게 된다. 이렇게 500권 정도 읽었을 때쯤, 나도 책이란 것을 한번 써 보자는 생각을 했다. 내가 도움을 받은 그 책, 나의 이야기를 책으로 써서 누군가에게 내가 받은 만큼 되돌려 주고 싶다는 생각을 한 것이다. 인간의 본성이 그런 것 같다. 받으면 나도 되돌려 주고 싶은 것이다, 그런 측면으로 나의 책 쓰기 도전이 시작되었다.

책 쓰기를 하고 싶다고 생각하면서 책 쓰기를 주제로 쓴 책을 먼저 읽었다. 이것저것 읽던 중에 임 원화 작가의 책을 읽게 되었다. 임 원화 작가의 책 쓰기 주제의 책을 읽으면서 작가 프로필을 보게 되었다. 임 원화 작가는 원래 국문학과를 나온 사람도 아니었다. 간호사 출신이었다. 나이도 30대 초반으로 아주 젊었다. 그런데도, 첫 책, 2번째에 이어 3번째 책 쓰기 책을 내고 그 당시에 사람들에게 책 쓰기를 가르치고 있었다. 임 작가의 스토리를 잠시 찾아보니, 평범한 간호사였지만, 병원에서 너무 힘들었다고 한다. 그야말로 하루하루 힘든 병원 생활을 견뎌냈다고 한다. 그러면서 자신의 꿈을 찾아 병원 내 강사도 했고 또 책 쓰기를 배우면서 자신의 책을 써냈다고 한다.

나도 간호사 출신이다. 간호는 내 전공이다. 나는 전공이 같은 임원화 작가를 보니 그의 글이 더 공감되었다. 비록 나는 국군 간호 사관 학교 출신인지라, 군 병원에서 간호장교로서 간호사 활동을 하였지만, 병원 생활은 다들 비슷하여서 임 작가의 그 병원 생활이 충분히 이해되었다. 신규간호사일 경우에 혹독한 훈련의 분위기를 견디어 내야 하는 것도 이해가 되었다. 병원은 생명을 다루는 곳이기에 한 치의 실수도 있어서는 안 된다. 별것 아닌 실수이지만 사람의 목숨이 왔다 갔다 할 수 있다. 그래서 그런 실수를 미리 방지하기 위해 선후배 간에 엄한 위계질서와 눈에 보이지 않는 규율이 있다. 이런 것을 잘못 악용하는 사람들도 간혹 있어, 신규간호사, 후배 간호사들은 심신이 고달파진다. 나는 임원화 작가처럼 나도 책을 써 보자는 동기부여를 받고 책 쓰기에 착수할 수 있었다. 지금 돌이켜 보면, 임 원화 작가가 내가 작가가 되도록 마음의 불씨를 지핀 아주 고마운 사람이다. 임 작가가 알고 있는지 모르겠지만 임 원화 작가가 평범한 한 사람을 작가로 만든 것이다.

평범한 사람이 책을 쓰는 시대임이 확실하다. 현재 8권의 개인 저서를 낸 나 자신을 봐도 그렇지만 앞의 수많은 육아서를 쓴 엄마 작가들, 그리고 임 원화 작가도 전공이 국문학과와 거리가 멀었지만, 책을 썼다. 육아서를 쓴 엄마 작가들로 인해 늦은 육아를 하는 엄마인 나에게 요긴한 정보제공자가 되었고 임 원화 작가는 책으로 평범한 사람을 작가가 되도록 영향력을 미쳤다. 평범한 사람이지만 책을 쓸 때 이렇다. 많은 긍정적인 효과를 만들어낸다. 평범한 사람들이 이런 효과를 만들어내는 이유는 무엇일까? 그 이유를 살펴보자면, 우선은 평범한 사람이 썼기 때문에 쉽게 공감을 얻을 수 있다. 책 내용으로 공감이 형성되기도 하지만 그 책을 쓴 사람이 누구냐에 따라 쉽게 공감도가 올라가는 것이다. 공감해서 집중도 있게 읽게 된다면, 책으로 더욱 많은 변화를 받을 수 있다. 제대로 동기부여가 된다는 것이다. 읽는 주제에 따라 그 주제대로 나는 변화되어 간다. 임 원화 작가의 책에 공감하고 동기부여 받아 내가 작가가 되었듯이, 그렇게 읽은 대로 변화가 일어나는 것이다.

책 쓰기 이제, 아무나 한다. 책 쓰기가 특별한 사람이나 전문가의 영역이 아니다. 글을 많이 써본 사람만이 쓰는 것도 아니다. 글쓰기는 말을 하는 것과 같이 인간의 기본 욕구 중의 하나라고 할 수 있다. 다만, 우리가 말처럼 평상시 글을 많이 쓰지 않았기 때문에 만만하지 않다는 것뿐이다. 어렵게 생각되기도 한다. 자신감이 안 생긴다. 일단 많이 써보는 것이 필요하다. 처음부터 어려우면 책보고 그냥 베껴 쓰는 것이다. 그렇게 자신을 글에 노출하고 그다음에 스스로 평가해도 늦지 않다. 아마도 대부분, 필사하고, 자신의 글 한 편, 두 편씩 쓰다 보면 말하듯이 그렇게 쓸 수 있을 것이다. 평범한 사람이 글을 쓰는 시대, 독자들도 평범한 사람들, 이웃이나 친근한 직업의 사람들이 쓴 글을 더 궁금해한다. 나와 특별히 다를 바 없는 사람이 글을 썼는데, 어떻게 썼는지, 무슨 내용을 담았는지, 호기심이 생기는 것이다. 그리고 더 많이 공감하게 된다. 이웃의 아주머니, 아저씨가 이야기해주는 느낌을 받을 수 있기 때문이다. 책을 쓸 수 있는 사람의 조건은 하나이다. 책을 쓰겠다고 결단을 내린 사람이다. 평범하여서 오히려 더욱 쓰기에는 좋다. 이제, 결단을 내리고, 당신의 이야기를 세상에 알리길 진심으로 바란다.

# 제3장
## 책 쓰기를 위한 9가지 의식 법칙

# 내 의식 상태가 바로 내 현실이다

내가 마음먹은 것은 결국 나의 현실로 드러난다. 마음먹기까지가 어렵지만, 마음만 먹는다면 그것은 차츰 내가 원하는 방향으로 달성되어간다는 것을 여러 번 나는 경험했다. 마음먹기, 결단 내리기, 이 것이 곧 현실이 되는 것이다. 내 마음에 어떤 것을 채우느냐에 따라 내 현실은 그것대로 만들어진다.

나는 아침마다 계획을 세운다. 아주 간단하게라도 세운다. 계획을 세우는 노트를 따로 마련했다. 손바닥보다 조금 더 큰 노트는 사용하기에도 편하고 가지고 다니기도 좋다. 수시로 계획을 확인하기에도 편리하다.

현재 시각 : 07:13

07:13~07:53 독서 그리고 SNS 글 올리기

07:53~09:00 한 꼭지 쓰기 도전

09:00~10:00 퇴고하기


오늘 아침, 기록한 계획표이다. 2번째 계획 부분을 실천하고 있다. 첫 번째 계획인 독서와 SNS 글 올리기는 이미 달성했다. 대략 40분 동안 읽고 쓰는 것을 했다. 나는 작가가 된 이후에 SNS 글쓰기를 처음 시작했다. SNS 영역이 점점 확장되었다. 처음에는 블로그로 시작하여, 페이스북, 현재는 인스타그램까지 하고 있다. 인스타그램은 짧은 글과 함께 사진, 동영상 위주로 소통하는 장인데 개인적으로 내 성격에 잘 맞는다. 나는 좀 빠르게 행동하는 편이다. 무엇이든지, 빠르고 쉽게 하면서 많이 한다. 양이 쌓이면 질이 된다는 사실에 공감한다. SNS 활동도 마찬가지이다. 어떤 사람은 일주일에 2번, 3번 심혈을 기울여 꼼꼼하고 세세하게 글을 올리지만, 내 방식은 간단하게 매일, 글을 올린다. 이 방법으로 꾸준히 하니, 나름 얻는 것이 많다. 매일 글을 쓰는 것이 루틴이 되니 인스타그램 친구의 수도 꾸준히 늘어난다. 금방 반응을 느낄 수 있어 나를 매일 인스타그램에 글을 올리도록 한다. 그렇게 독서하고 인스타그램에 책의 문구를 사진 찍어 올리고, 또 그것으로 글 그램의 프로그램을 활용해서 3, 4편 정도 글을 쓴다. 단편으로 여러 개 올리니 읽는 사람도 빠르고 쉽게 읽을 수 있어 좋아하는 것 같다. 요렇게 계획을 노트에 적고 시작하면 실천력도 좋아진다. 인스타그램 글쓰기를 쉽게 하지만, 기록하지 않으면, 건너뛰자는 의식이 들어서면서 미루게 된다.

두 번째 계획도 시간에 맞추어 완성하기 위해 노력한다. 오늘 아침, 두 번째 계획의 일은 1꼭지 글쓰기이다. 1꼭지 쓰기는 내가 하루 중 가장 중요하게 생각하는 일이다. 이 일은 가장 우선순위에 두지만, 이 것보다 먼저 하는 것이 책 읽고 간단히 쓰는 것이다. 1꼭지 쓰기 준비 운동이라고 할 수 있다. 지금은 본격적인 긴 글쓰기인 1꼭지 쓰기를 하고 있다. 계획대로 나는 1꼭지 쓰기에 초집중을 한다. 이것 또한 계획서에 기록하고 쓰면 1 꼭지 글을 꼭 써내야겠다는 의지가 강하게 생긴다. 의식으로 생각하고 있지만, 노트에 계획으로 적어놓으면 눈으로도 확인이 되기에 뇌에 더 많은 자극을 준다. 그래서 기록은 꼭 필요하다.

기록함으로 인해 내 마음이 다른 곳으로 달아나는 것을 예방할 수 있다. 계획표로 작성한 것들은 대부분 실천한다. 왜냐하면 기록, 그 자체가 우리의 의식을 계획에 붙들어 집중하게 하기 때문이다. 잡다한 생각들로 의식은 이리저리 휘둘릴 수 있다. 그래서 반드시 행동하기 전 기록하라고 말하고 싶다. 의식이 아무리 강한 사람이라도, 주변 환경에 마음이 흔들리면서 실천을 못 할 수도 있다. 기록을 해서 눈으로 목표지점을 수시로 확인한다면, 나갔던 의식, 사라진 마음을 다시 찾아올 수 있다. 1꼭지 쓰기를 하면서 나는 자꾸 딴짓한다. 오늘 아침도 사실 마찬가지였다. 인스타그램에 글을 쓰고는 할 일에 집중하지 못했다. 얼마나 많은 사람이 내 글을 읽었는지, 얼마나 많은 사람이 공감 하트를 주었는지 확인한다. 그러면서, '그래 사람들은 이런 글을 좋아하는구나, 좋아, 좋아, 더욱 분발해야지.'라며 생각한다. 그 자체가 나쁜 것은 아니다. 하지만 지금 해야 할 일을 못 하는 것이 문제이다. 지금 해야 할 일은 꼭지 제목을 확인하고 1꼭지 글을 완성하는 것이다.

나의 아침 행동을 곰곰이 관찰해보았다. 내가 딴짓하는 이유는 계획한 일이 실천하기 어렵거나, 생각을 많이 해야 할 때였다. 그 상황에서 벗어나고 싶은 무의식적 충동 때문에 딴짓을 하는 것이다. 어떨 때는 설거지도 하고, 밥도 한다. 아이가 일어나기 전인 이 귀한 아침 시간을 설거지하고 밥을 하기에는 아깝다. 귀한 아침, 최고의 두뇌 컨디션 상태에서는 창조적인 일을 해야 한다. 그래도 다행인 부분은 기록한 계획을 보고 다시 원래 일로 돌아온다. 나의 마음을 비우고, 원래, 해야 할 그 일들로 마음을 다시 채운다. 그렇게 마음에 채워진 그 일을 다시 하게 된다. 마음에 있는 그것이 내 행동이고 현실이 될 것이다.

내가 한 일 중 가장 잘한 일이라고 생각하는 것 중의 하나가 책 쓰기이다. 그 당시 가장 힘든 시기를 겪기도 했지만 그랬기에 인생 반전 목적용 책 쓰기를 도전해야겠다는 결단을 내릴 수 있었다. 내가 책 쓰기를 하겠다고 생각할 때는 휴직 상태였다. 직장 생활에 매너리즘을 느끼고 있었으며 아이도 어렸고 여러 가지 면에서 휴직을 결심했다. 휴직한 상태지만 마음이 혼란스러웠고 중심을 잡을 수가 없었다. 그래서 책 쓰기를 도전했다. 책을 쓰면 뭔가가 달라질 것 같았다. 나의 마음도, 나의 상태도, 모든 것이 변화되어 새로운 삶이 될 것 같다고 생각했다. 그 생각이 맞았다. 그때, 내 생각, 내 의식대로 나는 책을 쓰게 되었고, 현재 작가가 되어 다른 관점, 다른 삶을 살고 있다.

책을 출간하면 변화할 것 같았던 것은 여러 가지였다. 결과에 서서 책 쓰기를 관망해보았다. 이 방법은 아주 좋다. 책 쓰기에 열정의 불씨를 지필 방법이었다. 우선 나는 누군가가 나를 작가로 부르는 것을 상상했다. 작가라는 호칭이 나의 의식과 삶을 더욱 업그레이드시킬 것임을 믿었다. 그리고 1권의 책이 끝이 아니라, 인생 첫 책 출간이 후에는 매년 3~4권의 책을 출간하겠다고 생각했다. 또한 현실에서 힘든 부분이 있을지라도 그것은 단지 글감일 뿐이라고 여겼다. 시련을 단지, 시련으로만 보지 않겠다고 생각했다. 그리고 가장 중요한 것은 읽고 쓰기 때문에 나의 성장은 쓴 만큼 계속 이어질 것이라 확신했다. 이런 모든 생각들이 생각한 그대로 나의 현실에서 일어나고 있다. 인생 첫 책 출간은 물론이거니와 출간 과정을 겪으면서 얻는 성장이 지금은 나의 자연스러운 일상사가 되었다. 자신의 마음속 생각들, 자신의 의식들이 결국 가까운 시간 안에 실제 현실로, 삶으로 변화되는 것이다.

　우리의 의식을 통하지 않고 만들어진 결과물은 없다. 먼저 생각했기 때문에 이루어진 것이다. 생각하지 않고 현실이 된 것은 하나도 없다. 이 사실을 잘 인지하고 있다면, 우리가 원하는 것이 있을 때, 그것을 먼저 구체적으로 생각해야 한다. 현재 나의 의식을 먼저 바꾸어야 한다는 것이다. 의식은 현실에 두고서 현실과 다른 무엇인가를 이루길 바라는 것은 맞지 않는 것이다. 지금보다 더 건강해지기를 바란다면 먼저 건강한 자신의 모습을 맘껏 상상하고 생각해야 한다. 독서광이 되고 싶다면, 독서하고 행복해하는 자신의 모습, 독서로 많은 문제를 해결하고 도전하는 자신의 멋진 모습을 생생하게 상상해야 한다. 이런 상상들이 내 머리와 가슴을 채울 때, 그것은 나도 모르게, 현실로 드러나게 되는 것이다. 현실을 바꾸는 의식이 먼저 있고, 그것에 따라 현실이 나타난다는 사실, 즉, 의식이 유일한 실체라는 것을 잊지 말자.

# 내적 자아의 힘을 믿어라

내적 자아의 힘, 얼마나 가지고 계시는가요? 내적이란 표현 자체가 모호하고 어렵다. 외적 모습이라면 눈에 보이고, 들을 수 있고, 만질 수 있다. 오 감각을 이용해서 그 실체를 알 수 있어 뭔가 분명하고 편안하다. 그에 비해 내적이라는 표현 자체는 아리송하고, 명확하지 않고 그렇기에 어떻게 판단해야 할지 모호하다. 그래서 피하고 싶다. 하지만 모든 실체는 이 어려운 내적 모습에서 시작한다는 것을 인정해야 한다. 내적인 힘을 받아들여야 한다. 이것으로부터 나의 외적 모습은 만들어지기 때문이다.

나는 대학을 가기 위해 재수했다. 지방 도시에서 나고 자라서 나이 20살이 되어 서울이란 곳을 왔다. 모든 것이 낯설었다. 말씨까지 사투

리라 멋스러운 서울 표준말 앞에서 주눅 들었다. 말투 하나로 사람 마음이 이렇게 의기소침해질 수 있는지 그때 처음 알았다. 하지만 나의 목표를 위해 다른 것은 생각하지 않기로 했다. 언니 집에 얹혀살면서 나의 꿈인 좋은 대학 입학을 위해 하루하루 최선을 다했다. 새벽에 일어나서 종일 있는 학원을 가기 위해 도시락 2개를 쌌다. 그 당시, 언니도 직장을 다니고 있었다. 언니도 매일 피곤해했다. 그래서 도시락은 내가 직접 챙겼다. 반찬은 대충, 밥도 대충, 한 끼 거르지 않고 때우면 된다고 생각했기에 도시락 싸는 것은 그렇게 어렵지 않았다. 도시락 두 개와 무거운 책들을 가방에 넣고 이른 아침, 버스를 타고 학원이 밀집해있는 노량진으로 향했다. 참, '노량진', 이 글을 쓰면서, 이 단어를 다시 되뇌어 보니 꿈을 좇았던 그 시절이 행복했었다는 생각이 든다. 지금 이렇게 생각할 수 있어 다행이다. 그 시절을 잘 극복했기에 지금도 행복하게 웃으면서 그 시절을 떠올릴 수 있다.

재수 시절 가장 어려웠던 것은 미래가 불투명하다는 것이다. 고생하는 것은 괜찮은데 미래에 대해 명확한 것이 없다는 것이 마냥 불안했다. '난 대학에 합격할 수 있다.'라는 확신이 없었기 때문에 심적으로 힘들었다고 할 수 있다. 이럴 때 필요한 것이 내적인 힘인데 내가 스스로 마음을 다독이면서 추스를 수 있었던 것은, 그런데도 나는 내가 원하는 대로 좋은 대학을 갈 것이란 자신에 대한 믿음이었다. 만약 그런 믿음마저도 없었다면 그 시절을 잘 보내기 어려웠을 것이다.

힘든 상황에서 나를 지켜줄 수 있는 최고의 무기는 마음가짐이다. 나의 의식을 어떤 것으로 채우느냐에 따라 결과는 천지 차이로 달라진다고 할 수 있다. 위기의 상황, 최악의 상황에서는 더욱 이런 마음의 영향이 크다. 의식이 결과의 전부라고 해도 과언이 아닐 것이다. 물론 평상시에도 이런 마음가짐이 인생에 많은 영향을 미침은 두말할 것도 없다. 작은 것들이 모여서 큰 것을 만들 듯이, 작은 생각하나가 인생에서 긍정적인 결과를 만들어나가는 것이다.

"아침 일찍 일어났네. 나는 이제 나이를 먹어서 할 일도 없고, 건강만 열심히 챙기려고 한다."

아침 오빠로부터 전화가 왔다. 오빠는 조금 힘 빠진 목소리로 말했다.

"나이 먹었다고 왜 할 일이 없어? 50대에 꾸는 꿈이 진짜 꿈이라잖아~!!"

삶에서 정말 소중한 것은 50대에 도전하고 이루는 것들이다. 맞다, 나 자신을 돌이켜 보아도, 내 인생에 큰 획을 그었다고 할 수 있는 것을 이 시기에 이루었다. 도전도 이 시기였고, 특별한 성과도 이 시기였다. 책 쓰기가 바로 그것이다. 책 쓰기, 그동안 하지 않고 살다가 늦은 나이에 도전했다. 남들은 왜 그렇게 힘들게 살려고 그러냐고 질문한다. 지금 생각하니, 그렇게 말하는 사람은 조금은 부러운 마음도 있었을 것 같다. 이제 그들도 함께 책 쓰기에 도전하도록 동기부여 해야겠다고 생각한다. 어찌하였든, 책 쓰기를 남들이 다 늦었다고 하는 그 시기에 나는 시작했다. 그리고 보란 듯이 한 권의 책을 짧은 시간에 냈고 그 후에도 계속 출간하고 있다. 지금도 나는 원고를 쓰고 있다. 일찍이 책을 썼다면 여러 권 나왔을 것 같은 그 책까지 다 써버릴 욕심으로 열심히 쓰고 있다. 하지만 이것이 힘들다고 생각하지 않는다. 당연히 싫지도 않다. 즐거운 마음으로 쓴다. 나이를 먹었다고 못할 것은 없다. 새로운 시작은 모두 다 어렵다. 나이 때문에 어려운 것은 아니다. 나이가 들면 시작이 더 어렵다고 이야기하는데, 그것은 틀린 말이다. 생각을 바꾸어야 한다. 내적 자아의 힘을 기르며 시작한다면 어려움도 짧게 지나가고 삶의 혁신이 함께한다.

내적 자아의 힘, 이것이 삶을 변화시킨다. 나는 나이가 많아 이제 할 일이 없다고 스스로 한계를 만들지 말기를 바란다. 정말, 나이는 숫자에 불과하다. 생각이 중요할 뿐이다. 어떻게 생각하는지, 그것에 따라 인생은 변화된다. 생각을 바꾸고 내적 힘을 기르자. 내적 힘을 기르는 방법으로 나는 몇 가지를 추천한다.

혼자 하려 애쓰지 말아야겠다. 새로운 세계에 진입하는 것은 혼자서는 몹시 어렵다. 굳이 혼자 하겠다고 한다면 불가능한 것은 아니다. 하지만 시간이 오래 걸린다. 노력과 에너지도 필요하다. 그 시간과 노력, 에너지를 아껴 빠르게 진입하고 많은 성과와 혁신적인 삶의 변화를 거머쥐는 것이 더 현명하다고 생각한다. 아이가 어른으로 성장하기 위해 주변 사람의 도움이 필요하다. 수영을 배우기 위해서도 먼저 수영을 배운 사람의 도움을 받으면 빠르게 수영을 할 수 있다. 그런 것처럼, 내적 자아의 힘을 기르기 위해서는 혼자서 돌아가지 말고, 누군가로부터 조언과 도움을 받아 쉽고 빠르게 힘을 키우는 방법을 익혀 내적 힘을 매일 키워나가길 바란다.

책 읽는 습관을 길러야 한다. 책 속에는 모든 주제의 내용이 있다. 책을 읽지 않는 삶은 거의 공짜로 퍼주는 위대한 스승의 가르침을 외면하는 것과 같다. 가까이에서 내 수준에 맞는 맞춤식 교육을 제공하겠다고 친절히 제안하는 것을 뿌리치는 것과도 같다. 거부하는 이유는 단순하다. 내가 별 관심 없어서, 내가 시간이 없어서, 기타 등등……, 이다. 그것의 대가가 엄청나다는 것을 안다면 그렇게 하지는 않을 것이다. 책을 읽는 사람들은 지금은 특별함 없이 평범해 보일지라도 시간이 지날수록 그 차이는 엄청나게 된다. 부와 명성, 모든 부분에 있어서 차이가 날 수밖에 없다. 책과 함께 내면은 단단해지고 단단해진 만큼 에너지도 커질 것이다. 다른 사람에 비해 내면의 힘도 강해진다. 책과 함께 성인들의 지혜를 배우고 내적 힘을 키워보도록 하자. 독서 습관 형성을 위해 짧은 시간이라도 매일 책을 펴기를 바란다.

책 중에서도 의식을 다룬 책을 읽기를 권한다. 어떤 책을 읽느냐에 따라 나의 변화는 달라진다. 수영책을 읽는다면 수영 실력이 좋아질 것이고 골프 책을 읽는다면 골프 능력이 향상될 것이다. 책의 주제에 따라 강화되는 역량이 다르다. 만약 의식을 다룬 책이라면 당신의 의식이 강하게 될 것이다. 나는 매일 아침 네빌 고다드의 책을 읽고 있다. 읽기만 하는 것이 아니다. 1분 녹음도 하고, 인스타그램에 글도 쓴다. 내가 읽고 알게 된 값진 진리를 함께 나누기 위해서이다. 공유가 또 하나의 배움이 된다. 더 잘 배우고 익히게 되는 것이다. 의식 책으로 나날이 의식이 강해지고 이것을 나눔으로 또 다른 세계를 체험한다. 내면 자아의 힘, 의식 책을 조금씩 읽으면서 확실히 강해지는 것을 느낄 수 있다.

내적 자아의 힘, 과소평가하면 안 된다. 내적인 힘으로 위대한 외적 모습이 만들어진다. 또한 해서는 안 되는 일이 무엇인지 알고 그런 행동은 피한다. 나는 세부 살이 하는 중 아이를 안고 구걸하는 앳된 얼굴의 엄마들을 많이 봤다. 젊은 나이에 아이를 낳고 그 아이를 키우기 위해 길거리 구걸을 하는 것이다. 참 안타깝다. 그들의 가장 큰 문제는 돈이 아니다. 의식이 문제였다. 부모라는 의식도 없다. 부모라는 의식이 있다면 아이를 안고 구걸을 하진 않을 것이다. 아이가 무엇을 배우겠는가? 생각의 문제, 의식의 문제가 결국 그런 행동을 하게 만들었다. 내적 자아의 힘, 의식의 힘을 기르기 위해 평상시 책 읽기를 권하고 싶다. 읽지 않는 사람은 제 생각대로 살게 되는데 이것은 지극히 제한적 삶이다. 제 생각이 옳은 것도 많겠지만, 잘못된 부분도 많을 수 있다는 것을 인정하지 못한다. 책을 통해 생각을 확장하고 발전시켜 성장해야 한다. 특히 의식을 다룬 책으로 내적 자아의 힘을 기를 수 있다. 내적 자아의 힘이 강해지면 자신의 삶을 어떻게 살아야 하는지 알아차린다. 나이에 휘둘려 끌려가는 삶이 아니라 정말 자신이 원하는 삶을 살게 된다. 내적 자아의 힘을 기르고, 진정, 자신에게나 남에게 값진 삶을 살았으면 하는 마음이다.

# 결핍감을 내 안에 심지 마라

집에서 가까운 시장을 갔다. 요즘 내가 즐겨 찾는 가게가 시장 안에 있다. 로컬 푸드점이다. 이곳에 가면 채소가 싱싱하다는 장점이 있다. 시들어 있는 채소를 찾기가 오히려 어렵다. 가격도 저렴하다. 로컬 푸드라는 명칭에서 알 수 있듯이, 주변 농사짓는 사람들이 농사지은 채소들을 포장해서 직접 운송, 전시까지 한다. 없는 채소가 없을 정도로 종류도 다양하다. 특히 우리가 즐겨 먹는 채소는 상추와 쑥갓, 기타 쌈 채소 종류이다. 저녁때에 가면 이런 것들은 거의 매진, 진열대가 훤하게 비어있다. 애써 찾아갔는데 횡한 진열대를 보면 어찌나 아쉽던지, 최대한 하루 중 이른 시간에 방문해서 싱싱한 채소를 얻기 위해 다른 일을 뒤로 미룬다. 오늘도 마찬가지, 저녁 마감 시간 한참 전에 가족들과 함께 차를 몰았다. 내가 좋아하는 돼지고기 사태까지 구매하리라 하는 마음을 먹었다. 보쌈으로 만든 사태로 푸짐한 상추쌈을 해서 먹는 것을 상상하면서 운전대를 잡았다. 기분 좋은 상상을 해서 그런지, 오늘 신호등은 다 그냥 통과이다. 운전하는 사람들에게 항상 신호등은 걸림돌이 된다. 당연히 있어야 하지만, 마음이 급할 때는 이상하게 더 운전을 방해하는 느낌이다. 오늘은 뻥뻥 뚫린다. 신호등 근처에 다다를 때쯤, 빨간색 신호등에서 파란색 신호등으로 바뀐다.

"오~~앗싸~~!!"

기분이 아주 좋아졌다. '야, 신호등이 싱싱한 채소와 돼지고기 사태를 사라고 도와주는구나, 기분 좋은 상상이 신호등까지 나를 돕게 하는구나.' 말도 안 되는 생각 같지만 나 자신도 모르게 나온다. 맞다, 어쩌면 맞을 수 있다. 좋은 생각을 하니, 좋은 일들이 자꾸 생기는 거다. 좋은 생각이 좋은 일들을 끌어들인다. 온 우주가 내 생각대로 세상을 변화시킨다. 긍정적인 생각이 긍정적인 현실을 낳고, 부정적인 생각이 부정적인 현실을 낳는다. 과거를 조금만 생각하면, 이런 경험은 쉽게 찾을 수 있다. 마음에 부정적인 생각, 결핍의 씨앗을 뿌리지 말아야 하는 이유이다.

책 쓰기를 하면서 부정적인 생각은 천하에 도움이 되지 않는다. 책 쓰기, 안 그래도 시작 전에는 자신이 없다. 한 권의 책 출간을 버킷리스트로 오랫동안 가졌지만, 마냥 그 상태로 유지하고 있다. 책 쓰기를 오랫동안 버킷리스트로만 지닌 이유는 다름 아니라 책 쓰기를 큰 성벽처럼 느꼈기 때문이다. 책 쓰기, 평범한 사람이 쓰는 것이란 사실을 이미 다 알고 있지만 잘 안된다. 이제, 독자들은 자신과 비슷한 처지에 있는 평범한 사람들의 경험담에 더 공감한다. 그래서 성공해서 책을 쓰지 말고 성공을 향해 나아가는 자신의 이야기를 쓰면 된다. 노력하면서 경험하는 소소한 성공담이 독자들에게 더 동기부여가 된다. 그래서 유명한 전문가의 책 이상으로 그런 책을 독자들은 원하고 있다. 부정적인 생각을 버리기 위해, 우선, 내가 가진 책 쓰기에 대한 부정적인 생각들을 점검해 보자. 현재의 부정적인 생각들을 버리기 위해 그것만 따로 떼어서 분명히 정체를 밝혀보는 것이다.

책 쓰면서 반드시 가지치기해야 할 부정적인 생각들은 다음과 같다.

첫째, 내가 정말 책을 쓸 수 있을까?

이런 생각이 책 쓰기 시작을 못 하게 한다. 책 쓰기에 발을 들여놓았다고 하더라도 이런 생각에 계속 머리는 복잡하다. 책을 쓰고 싶은 것인지 그만두고 싶은 것인지, 제 생각들을 냉철하게 점검할 필요가 있다. 이런 부정적인 생각 가운데서, 긍정적인 상태, 책 쓰기 성공은 얻기 어렵다. 가끔 이런 사람도 있다. 나는 반대로 생각해야지 결과가 좋다, 나의 딸도 얼마 전에 이런 말을 했었다. "엄마, 나는 저 사람이 아주 안 좋은 사람일 것 같아."라고 처음 보는 사람을 그렇게 이야기 했다. 그런 생각이 있다면, 그 사람에게 아예 접근하지 않게 된다. 책 쓰기도 마찬가지이다. '어차피 내가 노력해도 출간하기 어려울 거야.' 라고 생각한다면, 그 생각대로 되는 것이다. 나의 두뇌에 부정적인 것이 존재하는데, 긍정적인 결과가 나올 수가 없는 것이다. 들어 간대로 나오는 것은 세상 진리이다.

둘째, 설마 내가 책을 쓴다고?

이것은 절대적 부정에 해당한다. 자신의 능력을 완벽히 깎아내리는 생각들이다. 부정적인 생각 중에서도 최고로 부정적인 것들이라고 말할 수 있겠다. 스스로 이런 생각들로 자신의 잠재능력들을 영원히 가두어 두게 될 것이다. 책 쓰기 어렵게 느껴지는 것은 사실이겠지만, 거기까지만 하면 된다. 어렵다, 부정적인 생각은 요기 까지만 하면 된다. '어렵지만 나는 할 수 있다.'라고 긍정적으로 생각을 전환할 수 있어야, 무엇이든 시작하고, 하는 중에도 꾸준히 밀고 나갈 수 있는 것이다. 책 쓰기도 당연히 그런 과정을 거쳐 한 권의 책을 출간하게 된다.

셋째, 작가가 부럽다.

자신이 현재 힘든 일을 겪고 있다면 그것을 이룬 사람이 그렇게 부러울 수가 없다. 나는 아이들이 3살, 4살일 때 이런 생각을 했다. 아이들을 중학생까지 키운 엄마들을 볼 때마다 그렇게 부러울 수가 없었다. '저 엄마, 참 대단해, 어떻게 저렇게 아이들을 키웠을까?'라고 넋을 놓고 존경스러운 마음으로 그 엄마의 얼굴을 쳐다보았다. 책을 쓰는 예비 작가도 마찬가지일 것이다. 작가들이 위대해 보일 것이다. 자신은 그 사람에 비해 보잘것없는 사람처럼 느껴지기도 할 것이다. 하지만 이런 생각만 한다면, 항상 작가를 부러워하는 사람으로만 남을 수가 있다. 왜냐하면, 머릿속 생각들이 바로 나의 현실이 되기 때문이다. 그래서 바꾸어야 한다. '작가가 부럽다'라는 생각에서 '나의 동지구나, 나와 같은 사람들이구나!'라고 이미 작가인 듯 생각해야겠다.

책 쓰면서 나의 의식을 채워야 할 긍정적인 생각들도 한번 알아보자. 생각 하나 바꾸었을 뿐인데, 인생이 달라진다. 생각이 곧 현실이다. 그래서 책 쓰는 사람들의 머리를 채워야 할 긍정적인 생각들을 점검하고, 그것을 나의 머리에 가득 채워나가는 것은 곧 책 쓰기 성공이란 결과물을 자신에게 안겨다 주게 될 것이다. 우선, '내 경험과 노하우를 알려주어서 너무 행복하다'라고 생각하는 것이다. 자신이 현재 직장에서 하는 일이나, 오랫동안 심취한 취미활동, 기타, 자신만의 주특기가 있을 것이다. 긴 시간 동안 쌓은 귀한 경험과 지식을 그냥 사장하기는 너무 아깝다. 그것을 다른 사람들에게 공유한다면, 긍정적인 영향을 주게 된다. 그래서 내가 알게 된 것, 느끼게 된 것, 깨우치게 된 것을 나누어 줌으로써 나는 더 행복해진다. 이것을 생각해야 한다.

다음으로 해야 할 긍정적인 생각은, 책이 출간되어서 서점 자판 대에 전시된 내 책을 생각하는 것이다. 이제 곧 다가올 미래가 될 그것을 머리에서 생생하게 생각하는 것이다. 얼마나 기분 좋은 일인가? 내 이름, 석 자 적힌 소중한 내 인생 첫 책이 서점 자판 대에 누워 있는 상상. 그것이 곧 현실로 드러날 것이다. 마지막 긍정적 생각으로는 '다음 책은 어떤 주제로 쓸 것인가?'라고 미리 생각해 보는 것이다. 구체적이지 않아도 된다. 지금 책 쓰기에 온 정신이 빠져있다면, 그대로 두고, 가끔 집중이 안 될 때 생각하면 좋다.

간절히 원하는 것이 있다면, 내 생각부터 바꾸어야 한다. 한 권의 책을 출간하길 바란다면, 나의 머릿속에는 내 이름 적힌 내 인생 첫 책으로 채워야 한다. 결과물을 미리 생각하는 것은 지금 내가 무엇을 해야 할지를 알려준다. 내 이름 박힌 책이라면, 그것을 하기 위해 지금, 멋지고 임팩트있는 그러면서 센스있는 제목을 만들고, 내가 하고 싶은 말을 표현한 목차를 만들어야 하고, 그리고 써야 한다. 1꼭지, 1꼭지, 35개 이상의 꼭지를 써나가야 한다. '내가, 정말, 책을 쓸 수 있을까?'라는 부정적인 생각으로 귀한 시간을 허비할 필요가 없다. 그 시간에 사례 하나라도 더 생각하고 찾아야 한다. 그럴수록, 나의 인생 첫 책은 빠르게 내 현실이 되는 것이다. 제발 책 쓰기에 대한 부정적인 생각은 버리자. 스스로 버려야 한다. "책은 평범한 당신 같은 사람이 쓰는 것이다."라고 강조해도 본인이 마음의 문을 닫고 있으면 방법이 없다. '나는 책 쓰기 충분히 할 수 있다.'라고 믿자. 그동안 살아온 이야기를 그냥 풀어서 써라. 방법은 조금 배워 그냥 계속 쓰는 것이다. 된다는 긍정적인 생각으로 결핍의 씨앗, 부정적 생각을 몰아내기를 바란다.

# 내부 변화가 없다면 외부 변화도 없다

객관적인 실체는 우리의 내부에서부터 끌어내야 한다. 이 말에 반대하는 사람은 없을 것이다. 맞는 말이다. 이렇게 생각을 못 했을 뿐이지, 듣고 보니, 그렇다고 생각할 것이다. 내가 정말 원하는 것이 있다면 나의 내부에서부터 변화를 만들어야 한다. 외부에 초점을 맞춘다면 원하는 현실은 만들어지지 않는다. 잠시 현실인 것처럼 느껴질지라도 다시 제자리로 돌아간다. 진정한 변화는 내부의 변화에서부터 생겨나고 진정, 원하는 목표, 꿈의 달성도 역시 내부의 변화로부터 시작된다.

지옥은 마음속에 있다. 지옥이 현실에 있는 것이 아니었다. 나는 고

3 때, 대학 시험에 보기 좋게 미끄러지고 재수를 했다. 서울 언니 집에 민폐 아닌 민폐를 끼치면서 고집을 부려 서울로 올라왔다. 어머님은 집 근처 간호전문대학을 추천하셨는데 나는 그것이 내 길이 아니라 생각했다. 재수가 뭔지도 모르면서 시작했다. 가정 형편이 넉넉하지 않았지만 오로지 믿는 구석 하나는 언니가 서울에 있다는 사실이었다. 나는 언니를 믿고 재수를 결심하게 되었다. 재수하면서 수능 2달 전부터는 독서실에서 먹고 자며 공부를 했다. 언니 집에서 노량진 학원까지는 너무 먼 거리였기에 시간을 아끼기 위해서였다.

　재수하는 이 시기, 나의 공부 방법은 새벽에 공부하는 것이었다. 공부하면서 기억을 높이기 위해서는 집중력이 꼭 필요하다는 것을 알게 되었다. 집중력 있게 공부했냐 아니냐가 재수 결과와 직접적으로 관계될 것으로 생각했다. 그래서 집중력이 좋은 새벽 시간을 공부 시간으로 정했다. 초저녁에는 미리 잠을 자고 일어나 다른 사람들이 다 자는 시간에 공부했다. 새벽 4시 멀리서 들려오는 교회 종소리를 들으면서 오늘도 열심히 했다는 뿌듯한 기분을 느끼기도 했다. 하지만 그 방법도 얼마 가지 못했다. 낮, 밤이 바뀐 삶의 패턴은 여러 가지 부작용을 낳았기 때문이다. 처음에 있었던 집중력도 바이오리듬이 깨지면서 점점 사라졌고 다시 다른 공부법을 찾아야 했다.

　좋은 대학 입학이란 목표를 가지고 열심히 했지만 정작 중요한 한 가지를 몰랐다. 목표를 이루기 위해 외적 환경보다 더 중요한 것은 내적 환경, 내 마음 상태라는 것을. 초저녁에 자고 새벽에 일어나는 방식에는 불안한 마음이 있었다. 불안하기에 사람들이 다들 자는 그 시간을 선택한 것이었다. 미래가 확실하지 않아 불안정한 상태, 겉은 일상 평범한 사람과 다르지 않았지만, 마음은 지옥인 상태였다. 그런 상태에서 좋은 결과를 기대하기 어렵다. 나는 생각을 바꾸기 시작했다. 공부 방식에 대한 다양한 시행착오를 겪으면서 정말 중요한 것은 내적 상태라는 것을 깨달았기 때문이다. 성공을 위한 과정이 있을 뿐이다. 재수는 대학 입학을 위한 과정의 하나일 뿐이란 생각으로 마음을 편안하게 가지고 긍정적인 생각으로 원하는 대학을 상상했다. 나는 지옥을 탈출했다. 내가 원하는 대학에서 열심히 공부하는 나의 모습. 머릿속에서 천당을 먼저 느끼기 시작했다.

어떻게 내면의 상태를 변화시킬 수 있을까? 변화를 나 자신에게 강요해서는 안 된다. 강요하면 더 멀어지고 싶은 게 인간의 본성이기 때문이다. 부드러우면서도 느긋하게 반복해서 천당의 상태를 유지하는 것이 답일 것이다. 내면의 상태를 바꾸는 구체적인 방법은 다음과 같을 것이다.

먼저, 간절히 원하는 것이 무엇인지 생각해 본다. 사실 내가 무엇을 원하는지 잘 모를 때가 많다. 과거, 내가 그런 사람이었다. 직장만 열심히 다니면 된다고 생각했다. 어디에서부터 이런 안일한 생각이 만들어졌는지 잘 모르겠다. 내가 원하는 것은 그저 직장만 열심히 다니는 것, 그런 생각으로 살았다. 그 생각대로 나의 하루 24시간, 1주일의 모든 시간이 직장 생활에 맞추어져 있었다. '내일 직장에 가야 하니까 오늘 빨리 자야 해.'라고 생각했다. 월요일 날 출근하고 피곤하지 않기 위해 주말 먼 거리는 자제하였고 나들이도 가까운 곳 위주로 다녀왔다. 직장은 직장일 뿐이다. 직장이 나의 삶, 전체가 되어서는 안 된다. 내가 좋아하는 그 무엇이 있다고 받아들이고 찾으려고 노력해 봐야 한다. 직장 외에 정말, 내가 좋아하는 것, 원하는 것을 찾아보아야 한다. 내가 좋아하는 것을 찾았을 때, 직장 생활도 더 활기차게 할 수 있다. 그것이 바로 행복이다. 그래서 나는 지금 달라졌다. 내가 원하고 좋아하는 분명한 한 가지를 갖고 있기 때문이다.

두 번째는 내가 원하는 것을 생생히 상상하고 느껴야 한다. 원하는 것이 이루어진 것처럼, 상상하고 느끼는 것이다. 대학 입학을 간절히 원한다면 내가 가고 싶은 대학을 명확히 정하고 직접 가보기도 해야 한다. 못 갈 상황이라면, 사진으로도 보고 상상으로 그 학교의 학생이 되어 캠퍼스를 거니는 자신의 모습을 상상해야 한다. 상상하면 느낄 수 있다. 구체적으로 상상한다면, 세세하게 느껴진다. 만약 책을 쓰고 싶다면 내 이름 석 자가 명확히 박힌 책 하나를 떠올린다. 표지는 어뜷게 되어 있고 저자 이름 란의 내 이름은 어떤 색깔, 어떤 글씨체인지 세세하게 상상해 보자. 5권이 한꺼번에 나란히 꽂혀있는 것을 상상하자. 상상만으로 가슴 떨리고 벅차오른다.

　세 번째, 원하는 것이 달성되었다고 받아들여야 한다. 내가 간절히 원하는 그것이 달성되었다고 먼저 받아들여야 그것이 현실이 된다. 쉽고 빠르게 달성한다. 내면에서 먼저 이루어지고 외면에서 이루어진다. 이 순서를 반대로 하면 안 된다. 외면에서 먼저 이루고 난 후 내면이 변화되는 것이라고 착각하면 안 된다. 대부분 사람이 이런 착각 속에 자신을 방치하기 때문에 원하는 것을 달성하기가 어렵다. 외부에서 먼저 달성하려 하니 힘이 들고 또 그렇게 힘들여 노력했지만 목표 달성도 어렵게 된다. 원하는 것이나 꿈과 목표를 이루기 위해 먼저 달성되었다고 마음에서 받아들이는 것이 중요함을 잊지 말자.

　네 번째는 내가 상상한 것을 매일 반복해야 한다. 어느 날 문득 이루어지는 것은 없다. 내가 원하는 것, 계속 내부에서 성공되었다고 반복할 때, 현실이 된다. 반복하는 방법이 어렵다면 다른 방법을 또 생각해 보자. 우리가 어떤 약을 꼭 챙겨 먹어야 하는 상황이라 가정해 보자. 하지만 약 먹는 것을 잊어버린다. 그럴 때 좋은 방법으로 매일 하는 활동과 약 먹는 행동을 연결하는 것이다. 내가 매일 하는 활동, 보통, 식사하는 것이라 할 수 있다. 보통은 하루 3번 먹기 때문에 밥 먹는 것과 약 먹는 것을 연결하면 그래도 잊어버리지 않고 약을 잘 챙겨 먹을 수 있다. 식후 30분이라고 흔히 말하는데 건망증이 심하다면 바로 먹는 일도 있다. 잊어버리고 안 먹는 것보다 조금 빠르게 먹더라도 그렇게라도 먹는 것이 낫다고 생각하기 때문이다. 이것처럼, 꿈 성공 상상, 목표 성공 상상도 매일 하는 생활과 연결한다. 예를 들어 화장실에 갈 때마다 생각한다거나, 아니면 자리에 눕는 순간 생각한다든지 자신만의 방법을 정해 보는 거다.

마지막으로 원하는 것과 내가 하나라고 생각해라. 반복적으로 나의 꿈과 목표를 상상하다 보면, 어느 순간, 그것이 나인 것처럼 느껴진다. 그럴 때는 현실에서 나의 꿈과 목표를 만나기 쉬워진다. 간절히 원하는 것을 반복적으로 생각하게 된다면 이루어진다. 그런 순서로 현실에서 나의 원하는 바를 달성하게 되는 것이다. 나는 세부 살이를 계획할 때 이런 과정을 통해서 세부 살이가 가능했다. 견학차 필리핀 세부를 갔다 온 후 나의 목표가 된 세부 살이는 더욱 선명하게 이미지로 그릴 수 있었다. 구체적인 상상으로 인해 나는 한국에 있지만 필리핀 세부에 있는 듯했다. 한국에서 세부 살이를 하는 것이다. 한국에서 세부 살이가 가능해지자 그것은 실제 현실이 되어 현실에서도 세부 살이를 하게 되었다.

내부의 변화가 생기면 그것이 현실로 드러난다. 내부에 하고 싶은 것의 씨앗이 뿌려졌다면 그것은 무럭무럭 자라게 해야 한다. 나의 의식 전체를 내가 하고 싶은 것들의 상상으로 가득 차게 만드는 것이다. 작은 씨앗이 무성한 나무가 되듯이, 내면에서부터 원하는 꿈이 무럭무럭 자라도록 해야 한다. 책을 쓰고 싶다면, 내 이름 박힌 책을 서점 자판 대에 전시하도록 하자. 누군가로부터 책을 건네받고 사인을 부탁받는 자신의 모습도 상상해 보자. 누군가에게 감사히 책 잘 읽었다는 메일을 받는 상상도 하자. 나의 내면 전체를 그런 상상들로 가득 채우고 내면 자체가 완벽히 꿈처럼 변화된다면, 외부세계로 나타나는 것은 시간문제가 된다. 시간은 흐르게 되어 있고, 나의 간절한 소망과 꿈은 바로 나의 현실이 되는 것이다. 내면을 변화시키지 않고, 얻게 되는 외부세계의 꿈은 없다고 받아들이자. 간절한 꿈, 진정 이루고 싶다면 나의 내면부터 바꾸는 것이다.

# 자신에 대한 관념이 삶을 결정한다

나 자신의 관념대로 나는 행동하고 세상을 경험하게 된다. 유명한 형이상학자 중 한 명은 우리가 해야 할 최고의 일은 자신의 관념을 최고 수준으로 끌어올리는 일이라고 했다. 왜냐하면 그 관념으로 우리의 모습과 삶이 결정된다는 것이다. 맞다. 우리는 우리 자신을 어떻게 정의 내리느냐에 따라 행동과 경험, 삶이 달라진다.

최근 나는 아이들과 점핑 운동을 시작했다. 아직 한 달은 되지 않았고, 반달 정도 된 것 같다. 이제 조금은 이 운동이 몸에 익었다. 처음 점핑 장을 찾았을 때, 운동하는 사람이 키즈 카페에서 뛰어노는 아이들처럼 보였다. 이것이 무슨 운동이 되겠나? 의심했다. 하지만 한 번의 운동으로 내 생각이 틀렸다는 것을 알게 되었다. 정말 세상에 내가 아는 것은 극히 제한적이란 것을 또 느낀다. 점핑 운동 40분 하는 동안 비 오듯이 땀을 흘렸다. 아마도 한 바가지는 흘렸을 것이다. 과거 나는 배드민턴 운동을 또 그렇게 생각했었다. 깃털 같은 배드민턴공을 보면서 무슨 운동이 될까? 했다가 엄청난 운동량에 절레절레 고개를 흔들었다. 점핑 운동도 마찬가지였다. 해본 사람은 알 수 있는 땀 흘리는 운동. 점핑이 땀 많이 흘리고 운동이 제대로 된다. 아이들도 마찬가지로 땀을 많이 흘렸다. 아이들과 간만에 운동다운 운동을 했다.

이 점핑을 하기 전에 나는 이런 운동이 있는지도 몰랐다. 매일 아침, 나는 인스타그램에 글을 올리고 있다. 먼저 읽고, 읽은 내용을 간단히 문구와 함께 감상을 올린다. 그 인스타그램을 검색하다가 대학 동기가 올린 글을 볼 수 있었다. 이 동기는 몰라보게 이뻐졌고, 몸매도 20대처럼 날씬하고 탄력이 있었다. 동기는 자신의 운동 장면을 동영상으로 매일 올리고 있었다. 나중에 알고 보니, 점핑 운동이었다. 동기는 점핑 운동을 통해서 몸도 단련하고 건강도 유지한다는 것을 알게 되었다. 그때부터 나의 사고에는 점핑이 들어왔다. '어떤 운동일까?, 아이들 팡팡같은 거면, 운동이 될까?, 주변에 어디 점핑장이 있는지 찾아볼까?' 점핑에 관련된 많은 생각들이 들었다.

나의 사고에 점핑을 생각하면서 점핑하는 나 자신을 상상하게 되었다. 내가 모르는 분야, 점핑에 대한 것들의 시작은 대학 동기로부터였다. 점핑 생각을 계속하다 보니 어느 날, 그 생각이 나를 점핑장으로 이끌었다. 운전하고 가다가 차 안에서 점핑이란 간판을 발견했다. 결국, 장소가 내 머릿속에 저장된 순간, 그다음 행동이 이어졌다. 다음날, 나는 산책 겸, 근처 점핑 장까지 걸어갔고, 구경 삼아 점핑장을 들어갔다. 그리고 바로 등록하고 그다음 날부터 점핑 운동을 시작했다. 사람들이 같은 정보를 접하더라도 그것을 내 것으로 만드느냐, 않느냐에 따라 행동은 달라진다. 나에게 필요한 것들은 나의 내면에 간직하게 되어 있다. 내면으로 들어온 그것은 차츰, 나의 주의와 관심을 받고 무럭무럭 자라게 되어 관념으로 자리 잡게 되는 시점에 나는 행동을 하게 된다. 점핑뿐 아니라, 다른 고차원적인 모습에 대해서도 같은 과정을 거쳐 행동과 경험이 결정된다. 그래서 자신의 관념을 어떻게 잡느냐가 중요하다고 하겠다.

'관념'이라고 하면 좀 어렵다. 이 단어 자체가 쉽지 않다. 그냥 평범하게 사용하는 단어는 아니다. 당신의 관념이 당신의 행동을 결정하고, 당신의 경험을 결정한다고 했다. 나의 행동, 나의 경험이 중요하고, 그 중요한 것을 하기 위해 그전, 관념이란 단어를 제대로 알아야 한다. 그래야 어떻게 원하는 관념을 갖는지도 알 수 있다. 나의 머릿속을 채우고 있는 것, 이것을 '관념'이라고 생각하자. 나의 머리를 가장 많이 채우고 있는 그 생각들이 바로 관념이다. 지금, 나의 머리를 채우고 있는 가치 있는 것, 그것이 무엇인지 점검해 보자. 그럼 스스로 내 안의 관념을 깨닫게 된다.

물론 단일하게 한 가지만을 생각하는 사람은 없다. 머리 안에는 수만 가지 생각들이 자리 잡고 있다. '오늘 아침에는 아이들 일찍 깨워야 한다. 내일부터 작은 아이는 학교에 가야 하기 때문이다. 오늘 꼭 구매해야 할 것은 샴푸다, 샴푸가 다 떨어졌다.' 이런 사소한 생각들도 머리 안에서 많은 부분을 차지하고 있다. 종결될 때까지 소소한 생각들이 문득문득 머릿속에서 되살아난다. 하지만, 이런 소소한 생각들을 제외하고 하루 중 꼭 추구해야 하는 가치 있는 생각을 당신의 관념이라고 하면 좋겠다. 우리의 발은 현실에 있고, 현실에서 기본적으로 생활하기 위해 챙겨야 하는 점이 있기에 그런 면과 관련된 생각 외에 우리 자신의 미래를 위해, 전체의 미래를 혹은 현재의 고차원적인 의식 수준을 위해서 내가 설정해놓은 오늘의 생각들이 바로 관념이다.


자신의 관념대로 자신의 현실이 결정된다고 했다. 이 말이 맞는 말일 수밖에 없다. 왜냐하면 자신이 생각한 대로 행동하게 되고, 행동은 경험을 결정하기 때문이다. 행동하지 않고 변화되는 현실은 없다. 아무리 고차원적인 미래상과 소망이 있다고 하더라도, 만약, 그것이 일시적인 생각이라면, 행동으로 이어지지 않게 될 것이고 현실로도 나타나지 않게 될 것이다. 그래서 생각에서 자신의 완전한 관념으로 유지하는 것이 중요하겠는데, 관념으로 바꾸는 방법은 바로 반복적 사고이다. 간절히 원하는 것을 여러 번 자주 생각함으로써 자신의 관념으로 자리 잡게 하고, 그 관념은 행동으로, 경험으로 이어져서 자신의 현실을 형성한다. 그 현실은 또 다른 관념을 만들게 된다. 점점, 수준 높은 관념과 현실의 소유자가 될 것이다.

　나는 처음 책 쓰기를 할 때, 내가 책을 쓸 수 있을까? 라고 의심했다. 이런 의심 속에서 초고 쓰기는 쉽지 않았다. 생각이 그러니, 꼭지를 쓰더라도 마음에 드는 좋은 글이 써지지 않는다. 한동안 나는 그랬다. 현실이 잘 풀리지 않으면 자신의 생각과 관념을 점검해볼 필요성이 있다. 과거를 뒤돌아봤을 때, 인생 전체가 꼬인 듯 잘 풀리지 않았다고 여길 때 부정적인 나 자신이 있었다. 내면의 부정성이 곧 현실이 되어 원하는 대로 펼쳐지지 않는 것이다. 책 쓰기에서도 마찬가지이다. 부정적인 생각을 바꾸어야 책 쓰기에 대한 관념이 바뀐다. 나는 1달 만에 초고 완성한다, 나는 책을 출간하고 작가가 된다, 주위로부터 "작가님"이란 소리를 듣는다, 나는 또 다른 책을 쓰기 위해 목차를 구상한다, 기타 등, 얼마든지 좋은 생각들이 많이 있다. 이런 생각들을 해야 한다. 이런 긍정적인 생각들을 계속하다 보면, 책 쓰기에 대한 관념들이 바뀌고 현실이 바뀌게 된다. 초고 완성하고, 투고해서 출간하고, 작가가 되는 것이다. 생각 하나로, 관념 하나로 이렇게 쉽게 작가가 되는데, 이 방법을 모르는 사람이 많다. 방법을 몰라, 어렵게 힘들게 초고를 쓰고, 또 쓰는 중간에도 스스로 의심하며 포기하기도 한다. 초고 쓰기 끝을 보지 못하는 것이다. 원하는 것을 이루는 데 있어서 실패하는 사람의 대부분은 원하지만, 마음 한편에는 부정적인 생각을 버리지 못하고 간직하고 있는 사람들이다. 부정적 관념이 성공으로 가는 길을 막고 있는 것이다.

자신의 관념 자체가 자신의 현실이다. 어떤 주제에 대해 어떻게 생각하느냐가 중요한 것이다. 책 쓰기에 두려움을 가지기보다, 나는 거뜬히 할 수 있다고 자신감을 가지는 것이 낫다. 요즘은 시대가 바뀌어서 지극히 평범한 일반인들이 책을 써서 베스트 셀러 작가가 되기도 한다. 공감할 수 있는 작가들을 독자는 원한다. 자신들과 상황이 비슷한 저자들의 삶의 방식을 보고 더 많이 동기부여 받는다. 누구나 책을 쓸 수 있다. 자신의 경험과 생각들을 버무려 한 권의 책으로 쓰면 된다. 비록 달필은 아니라도 잘 쓰지 못한다고 그것이 문제가 되지 않는다. 그런데도 많은 사람은 여전히 책 쓰기를 두려워한다. '저것은 신 포도일 거야.' 말하면서 회피하는 여우처럼 '책 쓰는 사람은 글쓰기 재능을 타고났을 거야.'라고 책 쓰기를 회피한다. 조금만 알아보면 그

것이 아니라는 것을 금방 알 수 있다. 책 쓰기에 대한 관념을 바꾸자. 나도 할 수 있고, 방법만 알면 누구나 할 수 있다는 것을 받아들이자. 그리고 행동하고, 특별한 책 쓰기의 세계를 경험하길 바란다. 책 쓰기는 혁신적인 삶의 변화를 체험하는 세계이다. 최고의 성장 시스템이 될 것이다. 그동안 가지고 있던 책 쓰기에 대한 부정적인 관념은 버려버리자. 바꾼 관념은 한 권의 책과 함께 새로운 경험, 새로운 인생을 당신에게 선물할 것 할 것이다.

# 원하는 대상이 끌려오게 해라

원하는 대상을 무조건 쫓아갈 것이 아니라 이루어졌다고 느끼며 그
것들을 끌어당겨야 한다.

요즘 저녁마다 상추쌈이다. 한국에 온 이후부터 식욕이 늘었다. 나
는 2017년 9월 필리핀 세부살이를 시작했다. 그곳에서 아이 둘과 함
께 지냈다. 필리핀은 더운 나라라 왠지 과일이며, 채소가 풍족할 거로
생각했다. 그런 선입견을 품고 있었다. 하지만 정반대였다. 그 이유는
바로 더위 때문이다. 식물이 제대로 자랄 수 없을 정도로 날씨가 너
무 무더운 것이다. 그래서 자라난 야채가 한국의 것에 비해 작다. 오
이가 한국의 아삭이 고추만 하고 무는 한국의 당근만 하다. 이런 상황

이니, 야채값도 비싸다. 채소가 풍족하지도 않지만, 간혹 마트에 전시된 채소는 싱싱하지도 않으면서 가격은 비싸다. 처음 채소를 봤을 때, '뭐 이런 시들한 것을 팔까?' 하는 생각이 들 정도로 음식물쓰레기통에 넣을 만한 것을 판매하고 있었다. 한국에서 싱싱한 채소를 먹다가 도저히 구매할 수가 없다. 이런 상태로 세부에서 살다가 한국에 오니, 싱싱한 채소에 눈이 번쩍 뜨였다. 매일 식사 때마다 푸짐한 채소를 차려서 먹었다.

어제저녁에도 상추와 오이무침, 기타 싱싱한 채소를 차렸다. 고기 대신, 두부와 참치, 요즘 조금 식단에 신경을 쓰고 있다. 2달 반 만에 확, 찐 살들을 정리하기 위해서다. 하지만 여전히 채소는 준비했다. 하나라도 더 먹이려고, 나는 아이들 입안에 상추쌈을 넣어주었다. 채소에 두부 대신 참치를 밥에 얹어 먹였다. 하지만 한두 번은 잘 받아 먹더니, 딸아이가 싫다고 이야기했다. 너무 채소를 자주 차렸던 모양이다. 이제는 먹으려 하지 않는다. 속으로는 더 먹이고 싶었지만 나는 아무렇지 않게 혼자서 상추쌈을 싸서 맛나게 먹었다. 아이는 나를 보더니, 상추를 다시 달라고 했다. 그러더니, 혼자 싸서 먹는다. 한 번, 두 번, 여러 번, 그렇게 밥그릇의 밥이 비워질 때까지 제 속도에 맞추어서 조금은 느린 듯, 밥 한 그릇을 다 먹어 버렸다. 맛나게 먹는 모습을 무심하게 보여주며 마음속에 아이가 더 먹었으면 좋겠다는 엄마의 사랑이 있었기에 가능했다.

나는 늦은 결혼을 했다. 아이는 2년 뒤에 가지게 되었지만, 그 과정이 조금은 어려웠다. 인연은 늦게 나타나는 것인가? 남편을 늦게 만났다. 남편과는 군대에 있을 때 만났다. 강원도에서 215 MASH 병원에 근무할 때, 남편도 인근 전방에서 장교로 근무를 하고 있었다. 고향이 같아서 모임을 여러 번 하면서 알게 되었고, 남편은 적극적으로 나에게 결혼하자고 했다. 하지만 그 당시 나는 결혼 생각이 없었다. 그 이후 10년 이상의 시간이 지난 후에 남편과 다시 만났다. 나이가 든 두 사람의 만남은 자연스럽게 결혼으로 이어지게 되었다. 그렇게 만났지만, 아이는 잘 생기지 않았다. 그래서 병원도 여러 번 갔었다. 이미 나이가 많은 나는 나중에 후회하지 않기 위해서 노력해 보자고 생각했다. 의술의 힘을 빌렸지만 아이는 생기지 않았다. 결국 우리는 둘만의 삶을 상상하기 시작했다.

그렇게 아이와의 인연을 접었다. 하지만, 우리는 우리만의 행복한 삶을 결심한 즈음에 첫째 아이를 가지게 되었다. 하루는 꿈을 꾸었다. 한복을 입고 단아하게 앉아 계셨던 할머니가 나에게 이런 말을 했다. "너희는 왜 노력을 하지 않냐?" 지금 이 글을 쓰면서도 그때의 꿈이 생생해서 온몸에 소름이 돋는다. 꿈은 너무나 선명했다. 그래서 나는 꿈을 꾸고 난 뒤 희망을 품었다. 더 노력하면 좋은 소식이 있을 것이라는 믿음이 생겼다. 그렇게 꿈과 믿음을 가지고 꾸준히 믿었다, 그런 뒤, 첫째 아들이 찾아왔다. 어떻게 불현듯 그런 첫아이의 탄생을 암시하는 꿈을 꿀 수가 있었을까? 우리가 잘 인지하지 못한 긍정적이고 창조적인 에너지가 있지 않았나 생각한다. 아이와의 인연을 포기했었는데, 그때, 아이는 나에게 찾아왔다. 어쩌면 완전히 포기한 것이 아니었고 항상 마음 한편에는 아이에 대한 소망이 있었던 것 같다. 지금 생각하니 그렇다.

두 사례 모두 아이에 관련된 것이다. 아이에게 밥을 먹이려고 할수록 아이들은 도망간다. 임신하려고 했을수록 임신이 되지 않았다. 중요한 것은 행동이 먼저 앞서서는 힘들다는 것이다. 억지로, 행동해서 얻을 수 있는 것은 많지 않다. 행동을 취하기 전에 머리로 먼저 그것을 간절히 바라고 원해야 현실에서 그것들이 일어난다.


책 쓰기도 마찬가지이다. 책 쓰기 억지로 1꼭지, 1꼭지 쓴다고 그것이 술술 풀려나가는 것은 아니다. 1꼭지를 쉽게 쓰고 싶다면, 그것의 원리에 관해서 연구해야 한다. 인생 첫 책을 쓰고 만약 멘토가 있다면 조금 수월하게 쓸 수 있다. 나는 강조한다. 책 쓰기는 목차기획 50%에 초고 쓰기 50%의 에너지를 배분해야 한다. 목차는 멘토와 함께 만든다면 생각보다 쉽게 완성할 수 있다. 하지만 초고 쓰기는 멘토가 대신 써줄 수 없다. 오로지 본인이 써야 한다. 죽이 되든, 밥이 되든, 일단 1권 분량 110장과 매일 2장 반을 써내야 한다. 이것에 대한 부담이 크다. 10권 이상을 출간한 나도 매일 1꼭지 쓰기에 대해 연구한다. 처음 쓰는 사람이라면, 이 1꼭지 쓰기를 더욱 생각하고 또 생각해야 한다. 다양한 방식이 있겠지만 일단, 몸에 익히기 위해 한 가지 방식으로 1꼭지를 계속 쓰는 것이 좋다. 그 방식이 나에게 좀 익숙해지면, 다른 방식으로 1꼭지 쓰기를 연습하는 것이다. 바로 쓰기를 하는 것보다는 이 궁리 저 궁리가 필요하다. 그리고 할 수 있다는 상상, 아니, 나는 1꼭지 술술 써 내려가는 모습, 지금 나는 그렇게 쓰고 있다고 먼저 마음으로 받아들이는 것이다.

쫓아가는 것이 아니라 그것이 오도록 하는 방법은 아주 간단하다. 그 방법에 대해서 적어보자면 다음과 같다.

첫째는 원하는 것이 이루어졌다고 생각하는 것이다.

원하는 것이 이루어졌다고 생각한다는 것은 그것에 대해서 걱정하지 않는다는 의미이기도 하다. 내가 걱정되는 일은 행동이 앞서게 된다. 아이에게 채소를 더 먹이지 않으면 아이가 영양결핍이 될 것 같은 걱정이 있어서 아이에게 쌈을 싸서 먹인다. 나이가 들어 임신이 잘 안 될 것 같아서 조급하게 병원을 찾아다녔다. 마음에 근심, 걱정이 그대로 현실의 부정적인 결과로 드러나게 된다. 마음에서부터 그런 근심, 걱정을 지워버려야 한다. 내가 원하는 것을 그 어떤 것도 방해할 수 없다. 유일하게 방해할 수 있는 것은 나 자신뿐이다. 정말 내가 원하는 것은 원하는 대로 현실이 된다는 사실을 인정하자. 거기에서부터 에너지가 뿜어져 나오고 긍정적인 기운이 흘러나와 현실에서 원하는 그 꿈과 목표가 달성된다.

둘째, 원하는 것이 현실이 되었다고 반복해서 상상하고 받아들인다.

나의 세상은 내가 만든다. 내가 가장 강력한 원동력이다. 그 어떤 것도 나의 삶을 조정할 수가 없는 것이다. 남 탓을 하는 사람은 계속 남 탓을 한다. 세상이 남 때문에 제대로 굴러가지 않는다고 또 남 탓을 한다. 그렇게 해서는 계속 남 탓할 일만 더 생긴다. 원하는 것, 이미 이루어졌다고 상상하고, 그것이 실제 객관적인 현실로 나타날 때까지 반복적으로 상상해야겠다. 나의 의식에 있는 것들이 현실로 나타날 때까지 구체적으로 매일 생생하게 상상하는 것이다.

성공 방법을 나는 이제야 제대로 알았다. 그 방법을 나의 삶에 적용하는 것만 남았다. 정말 쉽다. 진리는 단순하다는 말이 이곳에서도 해당한다. 복잡하게 만드는 것은 인간의 사고 때문이었다. 내가 원하는 것은 이미 이루어졌다고 받아들이고, 실제 현실로 드러날 때까지 그 마음 상태를 계속 유지하는 것이 내가 원하는 것 이루는 확실한 방법이다.

원하는 것은 쫓아가는 것이 아니라 오도록 해야 한다. 그것이 순리에 맞는 자연스러움이다. 책 쓰기, 조급한 마음에 자신을 더 닦달하면 나 자신도 그것에서 벗어나려 한다. 자기 자신을 관리해야 한다. 마음을 다독이고 행동을 관리해 주어야 한다. 나를 관리하는 내가 되어, 내가 원하는 것을 달성해야겠다. 책 쓰기도 그렇게 하면 된다. 우선, 인생 첫 책 쓰려는 마음에, 너무 행동 위주로 가면 안 될 것이다. 책 쓰기 방법에 대해 제대로 알려고 노력해 보자. 조금씩 몸에 체화한다는 마음으로 1꼭지씩 써 내려가야 한다. 또한 내 인생의 첫 책이 이미 세상에 출간되었다고 먼저 받아들이자. 미리 상상의 눈으로 세상에 없지만 출간한 내 책을 보는 것이다. 그것을 계속 반복하면서 기정사실로 한다. 책 쓰기에 대한 그런 의식 자체가 초고 완성, 계약완성, 출간완성까지 연이어 갈 수 있도록 한다. 내 인생 첫 책 쓰기, 억지로 하려는 마음보다는 그것이 자연스럽게 현실로 드러나 다가올 수 있도록 해야 한다는 것을 깊이 되새겨보자.

# 다른 이에게 도움을 구하지 마라

른 이의 도움을 구하기보다, 자신의 의식 속에서 되고자 하는 것을 스스로 주장하라는 말이 있다. 다른 이의 도움을 구하지 말라는 것은 마음가짐, 마음자세를 말하는 것이다. 도움도 때론 필요하다. 특히 어떤 분야의 첫걸음을 하는 일이라면 도움을 받을 수 있다면 받는 것이 현명하다. 하지만, 이런 도움이 너무 지나치다 보면 스스로 해낼 수 있는 능력을 약화한다. 마음가짐이 결국 현실을 만들어내는 것인데, 나 자신보다는 남을 의지하는 마음을 키운다면 결국, 그 일은 이루어내기 힘들 것이다. 이런 점을 항상 조심해야 한다.

부부간에는 서로 운전을 가르쳐 주지 못한다고 한다. 가끔 아내가 남편에게 운전을 배운다. 주변, 가장 가까이에 운전할 수 있는 사람이 남편이기 때문이다. 운전을 가르치는 남편은 아내가 너무 답답하게 느껴진다. 초등학생도 알아들을 것 같은 자신의 말을 이해하지 못하는 아내를 낯설게 느낀다.

'아니, 내가 이렇게 수준 이하의 사람과 그동안 살았나?'

말은 못 하지만 남편은 속으로 생각한다. 생각이 그러니 마음도 편하지 않다. 아내는 아내대로 '뭐 이렇게 잘난체하는 사람이 있어?'라며 남편에 대해서 실망한다. '모르니까 배우지, 모르면 성심성의껏, 배려심 있게 설명해 주면 될 것을 퉁명스럽게 투덜거리고, 어디 두고 보자.'라며 괜한 원망이 생긴다. 서로 마음이 상하니, 배는 산으로 간다. 운전하나 배우고 가르치려다가 부부싸움만 하고 괜히 집안 분위기만 망친다.

부부간 운전의 배움과 가르침이 어려운 이유는 마음가짐에 있다. 운전하는 방법을 몰라, 아내는 남편에게 너무 의지했기 때문일 수 있다. 물론 남편도 잘못이 있을 것이다. 손뼉은 부딪혀야 소리가 나는 법이니까 당연하다. 배움을 받는 사람, 배움을 주는 사람, 서로 배려하는 마음이 필요하겠고, 가장 잘 배우는 방법의 하나는 배우는 사람이 좀 더 주체적으로 되어야 한다는 것. 귀한 것을 내 것으로 만들려고 하는 적극적인 마음 자세가 있어야 한다.

내가 세부 살이를 할 때 에이미가 나에게 많은 도움을 주었다. 에이미는 빌리지 옆집에 살던 한국 엄마였다. 한국에서 필리핀 세부를 갈 때도 역시 에이미의 도움이 있었다. 사전답사 시 방문한 에이미 집을 보고 나는 그곳을 세부 살이 장소로 정했다. 한국에 와서도 그 집을 생각했으나 그곳 빌리지에 빈집이 없었다. 얼마 후, 에이미는 집이 나왔다는 소식을 전해주었고 나 대신 임시계약을 해주었다. 세부를 향할 때, 세부에 바로 들어갈 집이 있다는 사실이 한국을 떠날 때 덜 불안하게 했다. 세부 살이 시작에 자신감을 느끼는 이유가 되었다. 그렇게 나는 세부를 가게 되었다.

세부에 도착해서도 에이미의 도움은 계속되었다. 영어가 원활하지 않아 에이미의 눈에 나는 철없는 아이, 바닷가에 내놓은 느낌이었을 것 같다. 아이들 입학, 매달 등록금 내는 방법, 비자 연장하는 법, 석회수 물 대신 생수를 주문해서 먹는 방법, 기타, 등등, 정착하는데 에이미는 많은 도움을 주었다. 그런 에이미가 있었기에 세부에 잘 정착할 수 있었다. 항상 고맙게 생각한다.

문제는 도움 요청과 해결로 인해 자생능력이 떨어진다는 것이다. 모르는 것이나, 힘든 것이 생기면, 에이미에게 쫓아 가 물어보러 갔었다. 에이미 입장을 지금 생각해 보니, '참 대단한 사람이었네, 얼마나 귀찮았을까?'라는 생각이 든다. 또 한편으로 '나는 운이 좋은 사람이었네, 에이미 같은 사람을 만났으니.'라는 생각도 했다. 하지만 적당히 도움을 받았다면 가장 좋았을 것이다. 마음가짐만은 항상 혼자라고 생각하고 주체적인 삶을 살아야 한다.

코로나상황일 때, 아이들은 학교에 가는대신 집에서 온라인 수업을 했다. 매일 아침 9시까지 접속을 해야했다. 하루 과목은 3, 4과목인데, 그 과목이 끝날 때마다, 과제를 주고 그 과제를 찍어서 담임선생님에게 보내주었다. 온라인상에서 문제풀이가 있었다. 문제를 풀어서 마지막에는 과제 제출이라는 버튼을 누르면 그 과목은 온라인 수업으로 끝이다. 이 과정에서 엄마의 도움이 필요했다. 특히 아들은 이런 경험에 익숙하지 않았다. 왜냐하면, 필리핀을 다녀오기 전에도 대안학교를 다녔기 때문이다. 그래서 하나 하나 도움이 필요했고 그 일을 내가 해주었다. 점점, 아이는 나에게 의지를 하고 공부하는데 있어서 더 소극적으로 되었다. 엄마가 있으니 아들은 적극적일 필요가 없었다. 엄마라는 강력한 수단이 자신에게는 장착되어 있는데 그 수단을 활용할 생각만 하고 스스로 하려는 마음이 줄어들었다.

에이미가 옆에 있을 때 나도 마찬가지의 마음이었다. 에이미가 1년 반을 함께 하다가 아들 교육 문제로 세부 시내로 나가면서 나는 알게 되었다. 에이미가 이사 가기로 날 잡아 놓은 날, 나는 잠이 오지 않았다. 분리 불안 증상 같은 생각지도 못한 증상이 발생했다. 그러면서 알게 되었다. 나의 문제가 보이기 시작했다. 스스로 극복하는 힘이 부족했고 의지하는 마음이 너무 컸다는 것이다. 그렇게 에이미는 정해진 시간이 되어 아들을 데리고 이사를 훌쩍 가버렸다. 나는 그때부터 혼자가 되었다. 하지만, 막상 환경이 바뀌니 마음의 태도가 달라졌다. 이제부터 발생하는 크고 작은 세부 살이의 문제들을 혼자서 해결해

보리라 각오했다. 조수석에 앉을 때와 직접 운전할 때의 길에 대한 감수성의 차이만큼이나 큰 변화가 나에게 찾아왔다. 홀로서기가 되어 간 것이다.

누군가가 운전하는 차 조수석에 앉았을 때는 갔던 길을 잘 기억하지 못한다. 내가 주체적으로 생각할 필요가 없으므로 주체적으로 정보를 입력하지 않고, 내 기억에도 없다. 그래서 조수석에 백날 앉아 있어 보아도 그 길을 세세히 기억하지 못한다. 하지만 한 번만이라도 직접 운전하면 달라진다. 운전했던 길은 잘 기억한다. 주체직인 운전이기에 그렇다.

책 쓸 때도 이런 마음가짐이 필요하다. 혼자서 해내겠다는 마음이 결국 성장을 가능하게 하고 원하는 결과물을 얻게 한다. 하지만, 사실, 완전히 혼자서는 현실적으로 역부족인 경우가 있다. 마음자세는 혼자 하듯이 주체적으로 하고 단, 필요할 때는 주변의 도움을 받으면서 책 쓰기를 하길 바란다. 인생 첫 책이라면 특히, 주변의 도움이 필요하다. 도움으로 시간을 벌고 번 시간에 한 권을 더 쓰라고 나는 이야기한다. 첫 책이 2번째, 3번째 책으로 이어지는 것은 당연하기 때문이다. 혼자서 첫 책을 쓴 사람 중에 그다음의 책 쓰기를 쉽게 하지 못하는 사람이 있다. 왜냐하면 첫 책 쓰는 과정이 너무 힘들었기 때문이다. 2번째 책을 쓰지 않는 또 하나의 이유는 자료가 있어야만 책은 쓸 수 있는 것으로 생각하기 때문이다. 남편은 이순신 장군에 관심이 많아, 《임진왜란과 이순신, 그 숨겨진 이야기》을 출간했다. 인생 첫 책을 쓰고 시간이 많이 지났지만 2번째 책을 쓰지 않고 있다. 남편이 책을 쓰지 않는 이유도 이런 이유 때문인 듯하다. 지금도 2번째 책을 쓸 자료를 수집하고 있는 것처럼 보인다. 아닐 수도 있지만 자료 수집에 여전히 의지를 보이는 것으로 봤을 때 책 쓸 자료를 찾고 있는 듯하다. 많은 자료를 가져야 책을 쓴다고 생각한다거나 책 쓰기 과정이 너무 고생스러웠다면 책 쓰기 진행이 순조롭지 못하게 된다. 외부 자료 외에도 내 안의 경험과 노하우로 충분히 책은 쓴다. 내 안의 자료를 사용해서 책을 써보길 권하고 싶다. 내 안에서 글감을 찾고 외부에 너무 의지하지 않을 때, 책은 수시로 쓰고 출간할 수 있다.

책 쓰기는 결국 혼자 쓰는 것이다. 코칭을 받는다고 하더라도, 본인 스스로 쓴다는 마음가짐을 가져야 한다. 가르치는 사람은 단지 방향을 알려주는 것일 뿐, 결국 본인이 쓰는 것이다. 그런데, 책 쓰기를 위해 지도 비용을 내면, 모든 것을 대신해준다고 착각하는 경우가 있다. 그런 생각과 태도에 주의해야 한다. 책 쓰기는 특히, 돈과 상관없다. 코칭 비를 많이 냈다고 자신의 책 쓰기 책임이 줄어드는 것도 아니다. 스스로 책 쓰기 성공하기 위해 공부하고 많이 필사하며 책 쓰는 기술을 몸에 익혀야 한다. 다른 사람의 도움을 받되, 결국 책 쓰기는 자신이 완성한다는 생각으로 책 쓰기 임하시길 다시 한번 강조한다. 책 쓰기에 진정으로 도움이 될 한 사람은 바로 그 누구도 아닌 자기 자신임을 기억하자.

# 이미 소망한 것이 이루어졌다고 여겨라

소망한 것이 이미 달성되었다고 생각하는 것, 이런 생각을 하기에 쉽지 않지만, 이 생각은 소망 달성에 강력한 힘을 발휘한다. 의식 속에서 소망 달성되었다고 먼저 받아들인다면 실제 현실에서 그것이 달성된다. 이 메시지는 상당히 신빙성이 있다. 나의 삶 곳곳에서 이 메시지가 사실이라는 것을 느낀다.

나는 의식의 법칙을 아이들에게도 말했다.

"수홍아, 정아야, 만약 너희들이 하고 싶은 것이 있다면 지금부터 그것을 반복해서 상상하고 마음속으로 먼저 이루어졌다고 생각해야

해. 그렇게만 하면 그것은 실제 이루어진단다."

아이들은 처음에는 이해를 못 했다. 머리로 무엇인가를 상상한다는 자체도 어려워했다. 나는 알아듣든지, 못 알아듣든지 개의치 않고 의식의 법칙들을 수시로 알려주었다.

하루는 아들이 집 짓는 게임을 하고 싶다고 했다. 사실, 게임은 최대한 자제시키고 있었다. 그 당시 아이들이 다녔던 대안학교에서는 미디어 접촉 시기를 최대한 늦추자고 강조하고 있었다. 스마트폰도 8학년, 9학년쯤 되어야 소지할 수 있다. 그전에는 소지하는 것도 학교에 가져오는 것도 금지했다. 수업 방법, 과제 하는 방법도 미디어는 사용하지 않았다. 일부에서는 시대에 너무 뒤떨어지는 것은 아니냐는 반대의 목소리도 있었지만, 그것은 학교의 규칙으로 정해진 것이다. 그래도, 잘 수용하는 편이었다. 아이들이 크면 얼마든지 미디어 사용 능력을 따라갈 수 있다. 지금 판단력이 부족한 나이이기에 미디어를 접해서 받는 피해가 미디어를 통해 얻는 이득보다 더 치명적일 수 있기에 최대한 자제시키는 것에 나도 역시 찬성이었다. 그래서 지금까지 미디어나 게임 같은 것을 최대한 제한했다. 그런 상황에서 수홍이가 집 짓는 게임 프로그램으로 집을 짓고 싶다고 말했다. 하지만 나는 허락해주었다. 게임이라 조금 마음에는 걸렸지만, 상상력을 키우고 그 상상력을 반복하는데, 도움이 된다고 생각했기 때문이다.

아이는 미래에 살 집을 지었다. 그 집을 지으면서 너무나 재미있다고 했다. 왜냐하면, 엄마가 반복해서 생각하고 상상한 것은 미래에 이루어진다고 하니, 그것대로 자신이 그곳에서 사는 것 같은 느낌을 받았기 때문이라고 한다. 아이가 게임상에서 집을 짓게 된 이유도, 엄마의 말대로 미래에 살 자신의 집을 상상하면서 진짜처럼 느껴진 순간에 집 짓는 게임 프로그램이 있다는 것을 알게 되었고 머릿속에 있는 그 집을 가상세계에서라도 짓고 싶어서였다고 한다. 집을 만드는 것은 빠르게 만들어졌다. 이미 머릿속에 있는 집이니, 만들기는 쉬웠다고 이야기한다. 나는 아들이 만든 그 집을 보았다. 아이가 설명하는 것이 너무나 구체적이다. 1층 거실, TV, 주방이고 2층으로 올라가니, 서재, 침대가 있고 베란다 쪽으로 나가니 수영장도 있다. 2층에서 내려다보니, 마당에는 잔디가 깔려있고, 커다란 개도 키우고 있다. 게임 속 집이지만, 정말 보는 것만으로 실제인 것 같고 기분이 좋았다.

나는 생각했다. 아이가 살고 싶은 수영장이 딸린 멋진 집은 미래에 아이의 집이 될 것이고 그것이 달성될 것이란 믿음이 생겼다. 그렇게 선명하게 살집을 상상하고 있고, 반복하면서 시간이 지날수록 그 상상이 더욱 생생해지는데 그것이 현실이 되지 않을 이유가 없다는 마음이다. 나의 과거에도 선명하고 명확하게 먼저 받아들인 소망들은 대부분 현실이 되었다.

세부 살이 하기 전 나는 세부 살이를 생생히 상상하고 기정사실인 양 받아들였다. 나는 사전 답사했던 세부의 빌리지에서 매일 책을 쓰는 자신을 상상했다. 아이는 아침밥을 먹고 등교했다. 그것이 남의 일 같지 않았다. 이제 곧 다가올 내 일상처럼 여겨졌다. 그런 느낌이 있었기에 나는 언젠가부터는 그것을 나의 인생으로 받아들였다. 그런 생각의 변화들이 있고 난 뒤 여행용 가방을 들고 세부를 찾은 것은 고작 1달 후였다. 먼저 머릿속에서 실제처럼 소망이 달성된다면, 단 1달 만에도 현실로 달성된다는 것을 깨닫게 되었다.

책 쓸 때도 마찬가지로 이 원리를 적용하면 효과적이다. 책 쓰기 완성, 책 한 권 출간이 우리의 소망일 경우가 많다. 내가 인생 첫 책을 쓸 때도 책 쓰기는 나의 소망이었다. 내 인생 책 한 권 꼭 쓰고 싶다는 마음이 강했다. 들어내 놓지는 않았지만 많은 사람이 이런 마음을 가지고 있다. 하지만, 그런 마음 이면에 '감히 내가 책을 쓸 수 있을까?' 하는 부정적인 마음도 있다. 그렇기에 아예 시작조차 못 한다. 시작했더라도 자신의 사고패턴이 되어버린 긍정보단 부정에 가까운 사고방식으로 인해 원하는 대로 진행이 잘 안된다. "소망을 먼저 이루었다고 받아들여라."라는 조언을 책 쓰기에도 그대로 적용해야 한다. 내 이름 적힌 한 권의 책 출간을 먼저 받아들여야 한다. 출간한 책을 내가 남편에게, 가족에게 기쁜 마음으로 전달하는 모습을 미리 상상하는 것이다. 이렇게 되어야 책 출간은 나의 현실로 빠르게 달성된다.

간혹, 나의 출간을 받아들이기 어려워하는 사람이 많다. 단지, 상상일 뿐이고 생각일 뿐인데도 그렇다. 돈이 드는 것도 아니고 남에게 피해를 주는 것도 아닌데, 잘 안된다. 그 이유를 정리해 보자면 다음과 같다고 말할 수 있겠다.

첫째는, 거짓말하는 것 같은 느낌이 들기 때문이다.

'책 출간도 아직 안 했는데, 어떻게 그렇게 생각해.'라고 마음속으로 부정한다. 먼저 생각하지 않고 세상에 나온 결과물은 없다. 이 진리를 기억한다면, 책 출간 먼저 상상하고 사실처럼 받아들여야 한다. 그리고 이렇게 생각해도 된다. 나의 책은 곧 현실이 될 거니까, 실제는 거짓말이 아니다. 상상이 현실이기 때문에 현실이 될 상상은 거짓이 아니라 사실이다. 맘껏 상상하고 맘껏 이루게 하자.


둘째는, 소망 달성을 먼저 받아들이라는 메시지의 가치를 잘 모르기 때문이다.

소망을 이루게 하는 가장 강력한 비법은 소망이 달성되었다고 미리 인지하는 것이다. 기도를 하는 사람들 중 기도가 현실로 잘 이루어지는 사람이 있는가 하면, 기도가 잘 달성되지 않는 사람이 있다고 한다. 그래서 기도가 잘 달성되는 사람을 기도발이 좋다고 한다. 기도발이 있는 사람은 이 메시지를 그대로 기도에 적용했기 때문이다. 기도하는 것을 바라기만 하는 것이 아니라, 달성되었다고 믿는 것이다. 책쓰기 완성 또한, 미리 달성되었다, 믿는 가운데, 성과율은 좋아지게 된다. 소망하는 것 미리 받아들이기, 책 쓰는 사람은 이것을 책 쓰기에 기본적으로 적용해야 한다.

셋째는, 소망 달성을 미리 받아들인 후의 놀라운 효과를 느껴보지 않았기 때문이다.

과거에 이 메시지의 효과를 느껴보지 못했다면 현실에서도 실천하기 어렵다. 하지만 책 쓰기에 이 메시지를 꼭 적용해야 한다. 그리고 평생 나의 삶에 적용하여 많은 성과를 내길 바란다. 책 쓰기 완성, 내가 먼저 받아들인다면, 현실화하는데, 방해할 것은 아무것도 없다. 책 쓰면서 제대로 이 메시지의 효과를 느껴보길 바란다.

소망한 것을 이미 이루었다고 받아들여야 한다. 소망 달성을 받아들이지 않고 노력만 한다면 실현되기가 어렵다. 남들보다 배는 노력했는데 소망이 잘 이루어지지 않을지도 모른다는 것이다. 그 이유는 소망 달성을 받아들이지 않아 무의식적인 힘을 사용하지 못하기 때문이다. 책 쓰기도 이런 무의식적인 힘이 필요하다. 나의 소중한 책, 이미 세상에 나왔다고 받아들인다면, 많은 잠재능력을 발휘할 수 있을 것이다. 한 권의 책 출간을 향해서만 가는 것이 아니라, 책 출간이 달성되었다는 가정 안에서 미래를 향해 가는 것이다. 현재와 미래의 갭이 인지된다면 그 갭을 무엇으로 채울지, 의식과 무의식은 스스로 답을 찾아낸다. 이렇게 해서 그 차이는 채워지고 받아들인 책 쓰기 완성은 실제 달성되는 것이다. 책 쓰기 완성되었다는 의식 상태로 책 쓰길 바란다. 에너지가 넘쳐날 것이다. 그렇게 내 이름 적힌 나의 소중한 책을 세상에 내놓을 수 있다.

# 상상한 그대로 현실이 된다

소망을 이루었을 때 할 만한 행동을 예상하고 미리 행동하고 그 행동이 내적 자아의 행동과 일치한다면 그 소망은 실현된다.

찬물과 더운물이 만날 때 일어나는 현상이 소망을 이루는 현장에서도 일어난다. 찬물은 더운물 쪽으로 가게 되고, 더운물은 찬물 쪽으로 이동하면서 우리가 사용하기 적당한 온도의 물이 된다. 뜨겁지도 차갑지도 않은 그 물로 우리는 편안하게 샤워도 하고, 설거지도 한다. 우리의 소망 달성도 우리의 내면에서 먼저 상상해야 한다. 최대한 구체적으로 생생히 상상할수록 그것은 아직 아무것도 생기지 않은 외부세계로 전달한다. 더운물이 찬물을 변화시키듯이, 내부의 상상이 외부를 서서히 변화시켜 내면의 상상들이 그대로 외부로 흘러나오게 된다. 소망이 이루는 방법인 이것을 잘 모른다면, 어렵게 억지로 힘들여서 소망을 이루게 되거나, 아니면, 에너지만 빼고 소망 달성에 실패할 수도 있다.

나는 의식의 법칙을 만남으로 생각의 변화가 일어났다. 지금은 의식 법칙의 활용으로 더 많은 것을 달성하고 있다. 의식 법칙이 강조하는 가장 큰 메시지는 상상한 대로 현실이 된다는 것이다. 그전에는 상상이란 것에 대해 특별히 생각해 보지 않았다. 상상이란 어린아이들이 잘하는 것, 어른은 굳이 필요 없는 것, 정도로만 느끼고 있었다. 하지만 의식의 법칙을 알고 접하면서 법칙의 통찰력에 감탄하고 있다. 상상력이야말로 우리가 살고 싶은 모습 그대로 살 수 있는 최고의 방법이란 것을 느끼고 있다. 그동안 일어난 나의 과거 굵직한 성과들은 나의 상상력이 작용한 결과라는 것을 발견하였다. 서서히 나의 상상력을 발동시키고 있다. 어떤 원하는 목표가 생기면 상상력의 스위치를 켠다. 생활 곳곳에서 상상력을 가미시킨다. 만약 간절히 원하는 목표와 꿈이 있다면 더욱 상상력이 필요한 시점이다.

현재 나는 간절한 목표 하나를 가지고 있다. 그 목표 달성을 위해 나는 매일 책 쓰기를 하고 있다. 책 쓰기에 대한 가치를 깨달은 만큼, 이 좋은 것을 다른 사람에게도 가르쳐 주고 싶다. 그래서 책 쓰기를 가르치는 사람이 되는 것이 나의 목표이다. 그것도 아주 쉽게 잘 가르치는 사람이 되는 것이 최종 목표이다. 내가 책 쓰기를 지도하려는 진짜 이유는 다음과 같다.

첫째, 책을 쓰면서 더 많은 사람이 행복하길 바란다.

책 쓰기를 하기 전에는 잘 몰랐다. 책 쓰는 일이 이렇게 행복감의 수준을 높인다는 것을. 대부분 사람이 사는 이유를 생각할 때, 떠오르는 단어가 행복이다. 행복하기 위해서 사람들은 산다. 한 권의 책을 세상에 출간하고 그 책을 나 아닌 다른 사람들이 읽고 새로운 도전을 동기부여 받고 그렇게 배우고 변화하는 것을 상상하는 것은 정말 나 자신을 행복하게 만든다. 다른 사람도 행복하고 나도 행복해지는 책 쓰기 더 많은 사람이 알리고 싶다.


둘째, 특히 직장인이라면 책을 씀으로써 자존감을 높인다.

나도 직장인이지만, 직장을 오래 다니다 보면 자존감이 오르기보다 떨어질 때가 많다. 그럴 수밖에 없다. 조직사회의 구조상, 위에서 내려온 지침 우선으로 따라야 하고 내 의견보다는 전체 의견을 먼저 생각하고 비중을 두어야 하기에 자존감이 떨어지는 일도 종종 발생한다. 그러므로 자존감을 세워주기 위해서라도 책 쓰기를 하기를 권하고 싶다. 직장에서 자제했던 자신의 주장을 책에 풀어낼 수 있다. 어떤 주제를 정해서 그동안 쌓아온 경험과 노하우를 적어내도 좋고, 특별히 하는 취미생활에 관한 이야기를 술술 써내도 좋다. 쓸 주제는 세상에 차고 넘친다. 그렇게 책 쓰기를 한다면, 직장 생활도 더욱 활기차고 재미있게 할 수 있다. 스트레스 수치는 당연히 내려가고 자존감은 자연스럽게 올라가게 된다. 직장인들이 반드시 해야 할 부분이 바로 책 쓰기라고 강조한다.

셋째, 쓰면서 더 많이 읽는다.

연초에 가장 많이 하는 계획이 독서이다. 하지만 생각처럼 그렇게 쉽지 않다. 독서를 목표로 세우면 독서에 실패할 수 있다. 만약 책 쓰기를 목표로 삼으면 책 쓰기는 실패하더라도 책 쓰는 과정에서 꼭 하게 되는 독서는 습관으로 만들 수 있다. 높은 목표를 세웠을 때, 낮은 목표는 쉽게 달성된다는 원리를 여기에 적용하는 것이다. 자신에 대한 관념을 확장해서 더 높은 목표에 시간과 에너지를 집중해 보자. 책 쓰기라는 목표를 세워 노력하다 보면 더 많이 읽게 될 것이다.

넷째, 책 쓰기는 최고의 자기 계발법이다.

책 쓰기만큼 성장의 발판이 되는 것도 없다. 책을 쓰게 되면 주제 관련 최소 20권~50권은 읽게 된다. 한 주제로 그렇게 읽는 경우는 평상시 흔하지 않다. 책을 쓰기 위한 독서이기에 가능하다. 그렇게 읽는다면, 그 주제에 대해서는 해박한 지식을 가질 수 있다. 자기 계발은 자연스럽게 일어난다.

이런 이유로 나는 나만의 책 쓰기 비법과 경험을 알려주길 희망한다. 책 쓰기 세계는 경험할수록 그 가치가 끝이 없다. 알면 알수록 그 위대함에 감탄한다. 매일 1꼭지씩 쓰면서 내 생각과 메시지를 표현하는 기술이 좋아진다. 그럼으로써 스스로 느끼는 통쾌함이 크다. 책 출간해서 좋고 또 표현하는 능력이 좋아져서 만족하고, 어른, 아이 할 것 없이 책 쓰기는 인생살이에 꼭 필요한 것들을 연마하게 한다. 책 쓰기 방법을 배우고 익힌다면 평생 가장 든든한 성장 시스템을 갖추게 된다. 나는 책 쓰는 법을 가르치는 사람이 되어 열심히 가르치는 나 자신의 모습을 상상하면서 이미 그렇게 되었음을 받아들이고 각인하기 위해 노력한다.

그래서 책 쓰기 지도를 위해서 나는 이렇게 상상한다. 나의 상상대로 현실이 될 것이라 믿고 꾸준히 반복해서 상상을 즐긴다. 그 상상은 다음과 같다.

1. 나는 유능한 책 쓰기 지도자이다.

2. 책을 쓰려는 사람들 저마다 가장 적합한 맞춤식 목차를 기획한다.

3. 지도받는 사람이 자기 쓰고 싶은 메시지에 부합한 목차가 기획되도록 노력한다.

4. 목차완성 후 초고를 잘 쓸 수 있도록 동기 부여한다.

5. 동기 부여할 수 있는 시스템을 만들기 위해 더 연구한다.

6. 책 쓰기 전 과정이 순조롭게 진행된다.

7. 책 쓰기 지도하면서 나 자신은 더 읽고 더 쓰는 삶을 산다.

8. 오전에는 읽고 쓰고, 오후에는 지도한다.

9. 매일 읽고 쓰면서 더욱 유능한 지도자가 된다.

10. 자신은 쓰지 않고 가르치기만 하는 것은 지도의 힘을 잃는다는 것을 매일 잊지 않는다.

11. 매일 읽고 쓰면서 새롭게 발견한 노하우를 알려준다.

12. 이미 나는 유능한 책 쓰기 지도자이다.


상상한 대로 현실이 된다. 상상하지 않았는데, 나의 현실이 된 성과는 없다. 좋은 상상은 좋은 상상 물을 세상에 내놓고, 나쁜 상상은 나쁜 상상의 결과물을 내놓는다. 우리가 생각한 대로, 그대로 결과가 나온다. 세상에서 인위적으로 만들어지는 것은 하나도 없다. 세상은 우리 내면의 활동 에너지가 근원이 되어 그것대로 만들어지는 것이다. 이것을 알게 된다면, 자신이 원하는 세상을 제대로 살 수 있다. 부정적인 생각, 상상들은 단 1초도 용납하지 말아야겠다. 간절한 목표와 꿈일수록, 더욱 집중해서, 오로지 그것이 세상에 나올 때까지 상상해야겠다. 내가 원하는 모든 것은 나의 상상 여하에 따라 빠르게 현실이 될지 아닐지 결정된다. 책 쓰기도 마찬가지이다. 책 쓰기 완성을 상상해 보자. 내 현실은 상상한 그대로 한 권의 책의 저자가 될 것이다.

# 제4장
## 실제처럼 느껴야 현실이 된다

# 느낌이 강렬할수록 목표는 빨리 이루어진다

나는 의식 관련 책을 반복적으로 읽는다. 읽으면 읽을수록 삶이 변화하는 것을 느낀다. 의식 책은 외면보다는 내면에 초점을 맞추라고 강조한다. 외면은 내면의 결과물일 뿐. 의식이 곧 현실이므로 의식에 집중하는 것이 중요하다고 반복한다. 의식 중에서 목표나 꿈에 대한 생생한 느낌 자체가 그것들을 현실로 빠르게 드러나도록 한다고 이야기한다. 느낌이 강렬할수록 목표와 꿈은 더 빨리 이루어지는 것이다.

2018년 9월, 필리핀 세부 살이를 하기 전에 먼저 필리핀을 방문했다. 2박 3일 짧은 계획으로 아는 지인 엄마와 필리핀을 찾았다. 엄마 2명, 아이 4명, 아이들 나이도 비슷해서 아주 신나는 여행이었다. 여행의 최고 목적은 빌리지와 학교 방문이었다. 지인인 누리 엄마는 알고 있는 모임 언니의 동생이 세부 살이를 하고 있다고 해서 그 집을 찾게 된 것이다. 필리핀 세부까지 4시간 30분 비행으로, 가뿐히 막탄 공항에 내려서 택시를 타고 빌리지를 찾아갔다. 미리 연락한 상황이라, 에이미가 나와 있었다. 에이미는 자신의 집으로 우리를 안내해 주었고 1층과 이층집도 보여주었다. 아이들은 신났다. 이층집이니, 이이들의 로망인 집이다. 1층에서 2층으로 후다닥 뛰어다닐 상상으로 보는 것만으로 흥분의 표정이었다.

에이미 아들이 하교하는 시간에 맞추어 바로 옆에 있는 학교를 방문했다. 학교는 아주 소박했다. 페트병을 잘라 흙을 넣고 식물을 넣어 화단처럼 장식했다. 교실도 아주 소박하게 꾸며놓았다. 필리핀 아이들의 표정은 매우 밝았다. 한국 아이들의 방문에 호기심을 보인다. 교실을 보고 강당 쪽으로 나왔다. 한국처럼 깔끔한 구조는 아니지만, 강당도 제법 크고 매점도 세 군데나 있었다. 날씨는 더웠지만, 수홍이, 정아도 이곳, 저곳을 살펴보았다. 강당을 마지막으로 보고 우리는 좁은 통로를 거쳐 밖으로 나왔다. 나오면서 정아는 나를 쳐다보면서 이렇게 말했다.

"엄마, 전에 이곳을 와 봤어."

뜬금없이 정아는 말했다. 나는 무슨 소린가? 내가 잘못 들었나?, 해서 다시 물어보았다. "뭐라고?, 이곳에 와본 것 같다고?"라고 묻는 말에 정아는 다시 대답했다.

"아니, 이곳에, 와 봤다고!"

"와 본 것 같다."가 아니라 "이곳에 와 봤어."라고 완료형으로 말한다. 도저히 있을 수 없는 일이다. 왜냐하면, 정아는 태어나서 처음으로 필리핀을 왔기 때문이다. "아, 그렇구나."라고 나는 그냥 넘겼다. 아이가 잠꼬대하듯이 혼자 하는 말이구나, 라고 대수롭지 않게 생각했다. 그 당시, 내가 필리핀을 방문한 것은 세부 살이가 목적이 아니었다. 누리네는 세부 살이를 염두에 두고 방문한 것이지만 우리는 그냥 단순히 여행이 목적이었다.

그렇게 다녀온 뒤 우리는 2달 뒤 세부 살이를 시작하게 되었다. 정아가 세부학교 강당을 예전에 와 봤다고 말했던 것이 주변을 바꾸었을까?, 나는 방문 후, 한 달 뒤에 필리핀 세부를 다시 생각하게 되었고, 그리고 결심했다. 아이 초등학생일 때 세부 살이를 해 보자고 생각하게 된 것이다. 정아의 생생한 느낌이 내가 세부를 다시 생각하게 했고 세부 살이를 강행하도록 만들지 않았을까?, 혼자서 가끔 생각해 본다.

어떤 목표나 꿈이 있을 때, 그것이 달성되었을 때를 생생히 느낄 수 있다면, 어떤 일들이 일어날까? 지금도 실험을 해볼 수 있다. 내가 지금 원하는 것이 있는가?, 그것이 무엇인지, 생각해 보고 한 가지를 정해 보자. 만약 책 출간이 목적이라면 내 이름 박힌 책 한 권을 생각해 보는 것이다. 상상으로 그 책을 머리에서 떠올려 보고 느껴보자. 상상의 책 한 권이 나의 현실인 듯 느껴지는가?, 나의 삶에 내 책이 현실로 드러날 것 같은 느낌이 드는가? 자꾸 생각하다 보면, 그것이 나의 현실인 듯 느껴질 것이다. 강렬하게 느껴질 때, 나의 마음이 어떻게 변화되는지 또한 느껴보자. 과거를 돌이켜 볼 때, 이런 경험이 한 번씩은 있다. 왠지 내가 원하는 대로 될 것 같은 느낌이 드는 일들이 있었을 것이다. 그럴 때 마음을 다시 되돌려보자. 원하는 바를 강렬하게 느낄 때 나의 마음 상태는 다음과 같이 변화한다.

첫째, 원하는 그것이 나의 미래라 여겨진다.

내 이름 석 자 박힌 책을 생생히, 강렬하게 느낌으로 그것은 나의 미래라 여긴다. 그것에 대해 흐트러짐이 없으므로 나는 그냥 매일 1꼭지씩 쓰면서 한 권 분량을 채워나간다. 한쪽 편의 마음에 힘들다는 감정이 있더라도 강렬한 느낌인 내 책의 이미지에 눌린다. 그래서 힘든 것도 즐겁게 생각하게 된다. 이제 곧 내 책이 출간될 것에 초점을 두고 현실의 어려움도 긍정적으로 바라보게 된다.

둘째, 나의 미래, 원하는 것이 달성된 상태가 너무나 친근하다.

책을 출간하고 작가가 되는 것이 아무렇지 않게 된다. 작가라면, 우러러 보이고, 대단해 보였는데, 이제는 나의 인생 일부이다. "작가님."

이라고 누군가가 부르면, 고개를 돌려 소리 나는 쪽을 바라본다. 작가가 나 자신이고 내가 작가이기 때문이다. 작가는 친근한 존재이다.

셋째, 현실로 드러나도, 그렇게 놀라운 일이 아니다

내가 원하는 책 출간은 이제, 기정사실이 되었다. 나의 마음에서는 그것이 사실이다. 마음으로 강렬하게 느낀 그것이 현실처럼 느껴졌기 때문에 막상 현실에서 책을 받아본다고 하더라도 그렇게 놀랄 일이 아니라 여겨진다. 이미 마음에서 익숙한 일을 다시 현실에서 확인한다고 그리 특별한 것도 없기 때문이다.

생생하고 강하게 느끼게 되면, 막상 현실이 되어도 무덤덤해진다. 원래 일어날 일이 일어나는 것이기에 자연스럽게 받아들이기 때문이다. 일어나기 전부터 당연히 일어날 일, 자연스러운 일이라고 여긴다면 그것이 자연스럽게 일어나게 된다는 사실이 중요하다. 세부 살이전, 필리핀 학교를 방문했을 때, 작은아이가 "이 학교 언제 왔었어."라고 진짜인 듯 격렬하게 언급한 후 그것이 현실이 되었듯이, 앞으로의 내가 원하는 목표와 꿈도 그렇게 달성하는 것이다. 느낌의 놀라운 힘을 활용하는 것이다.

책 쓰기 완성에 대한 느낌이 확실하다면, 빠르게 그것은 현실이 된다. 의식이 중요하다고 했다. 의식적으로 원하는 목표와 꿈이 달성되게 하는 생각, 상상, 느낌을 강조한다. 생각, 상상, 느낌 중에서 가장 중요한 것은 느낌이다. 느낌은 생각이 있고, 상상이 있어야 가능한 것으로 한 차원 높은 수준의 것이다. 마음속으로 격렬하게 느끼고, 그것이 나의 내면에서 자연스럽게 받아들여진다면, 그것은 현실이 된다. 책 쓰기 완성을 생각하고 상상하고 마음속에서 느낀다면, 그것도 우리의 현실로 빠르게 나타나게 될 것이다. 마음에서 어색해하고, 불편해하는 것은 현실로 드러나지 않는다. 설사, 현실이 되더라도 금방, 어색한 마음 상태에 압도되어, 예전의 상태로 되돌아가게 될지도 모른다. 책 한 권을 출간했더라도, 내면에서 나는 작가라는 것을 받아들이지 못한다면, 한 권의 출간으로 끝내게 되는 것처럼, 내면이 완전히 받아들이고 매일 작가로서 느껴야, 책도 계속 출간하게 될 것이다. 책 쓰기 완성, 마음으로 강렬하게 느끼자. 그것이 꿈을 좀 더 쉽고 빠르게 현실로 만드는 비법이라는 사실, 잊지 말자.

# 목표를 명확히 만들어라

　나는 아침에 일어나면, 책상에 앉아 계획부터 세운다. 메모 노트가 따로 있다. 메모 노트는 큰 것보다 보통 A4 반 정도의 사이즈가 가장 좋다. 손에 쉽게 잡히기도 하고 가지고 다니기에도 편하다. 계획은 간단히, 누가 보는 것이 아니니, 글씨도 잘 쓸 필요 없이, 편하게 나만 알아볼 수 있게 적는다.

　현재 시각(current time: CT): 06:06

　6:06~06:40 : 책 읽기, 읽은 후 SNS에 글쓰기

　06:40~07:40 : 1꼭지 글쓰기

07:40~08:40 : 퇴고하기

이렇게 적어두면, 아이들이 일어나기 전까지 내가 해야 할 일이 명확해진다. 종이에 적어두면 눈으로 직접 확인이 되어 다른 곳으로 생각이 흘러갔다가도 다시 나의 의식을 되돌릴 수 있다. 그래서 아침 시간을 더욱 알차게 보낸다. 노트 기록 하나로 나의 아침 목표가 명확해지고 실행력을 높여 만족스러운 아침이 된다.

책 쓸 때도 목표를 명확히 해야 한다. 책 쓰기의 최종 목표는 출간이다. 출간까지 가기 위해 그 과정 중 가장 중요한 부분이 목표를 정하는 것이다. 책 쓰는 중간에 중요한 목표라고 한다면 목차완성, 초고 완성이라고 할 수 있다. 책을 쓸 때, 목차를 만들고 시작하는 사람이 있는가 하면, 목차 없이 시작하는 사람도 있다. 나의 경험상 목차를 먼저 만들고 쓰는 것이 좋았다. 왜냐하면, 원고 전체 흐름, 맥락이 더 일관되게 진행되도록 하기 때문이다. 처음 책을 쓰는 사람일수록 목차 먼저 만들기를 나는 권한다. 코칭을 받는다면, 목차까지는 크게 무리 없이 나올 수 있다. 이렇게 목차가 완성된 뒤의 과정이 초고 완성인데, 이 과정은 오로지 혼자만이 해야 하는 부분이다. 대신 써줄 수가 전혀 없다. 대신 써준다면 그것은 자기 책이 아니다. 초고 완성을 해야 퇴고도 하는 법, 초고 완성 여부가 출간의 여부를 결정한다고 할 수도 있다. 그래서, 초고 완성은 책 쓰기 과정 중 가장 중요한 부분이라고 할 수 있겠다. 그래서 목차완성 후, 초고 완성에 대한 목표를 또 명확하게 계획해야 한다.

"나는 2025년 7월 7일, 초고를 완성했다."

초고 완성에 대한 목표 설정 문장은 명확해야 한다. 우선, 그 목표를 달성하는 사람이 나라는 것을 명시한다. '나는~' 이란 문구가 사람 마음을 흔든다. 내가 꼭 해내야겠다고 생각하게끔 동기부여 한다. 그래서 내가 해야 하는 일이라는 것을 명확하게 느낄 수 있도록 처음에 "나는"이란 문구로 시작한다. 그다음 그 목표를 달성하는 기한을 적어준다. "2025년 7월 7일"이라고 정확히 명시되어 있다. 기한이 없는 목표는 의미가 없다. 목표만 완성하면 되는 것 아니야?, 라고 생각한다면, 목표 설정부터 본인은 자신감이 없는 것이다. 자신감이 없이 그 목표를 달성하긴 어렵다. 마음부터 무장하고 목표 달성 기한을 명확하게 숫자로 적는 것이 필요하다. 그리고 마지막, 중요한 부분, 서술어를 완료형으로 쓴다는 것이다. '완성할 것이다'가 아니라, '완성했다'이다. 이 둘의 차이는 크다. '완성할 것이다'라는 것은 현재는 완성되지 않았지만, 앞으로는 완성할 것이다, 라는 의미이다. 목표 달성의 강력한 수단은 현재 시점에서 목표가 달성되어 있다는 것을 먼저, 받아들이는 것이다. 그래서 목표 설정 문구에도 그 목표 달성되었다는 완료형으로 기록한다.

'목표를 완성할 것이다'와 '목표를 완성했다.' 이 두 문구를 느껴보자. '어떤 문구가 더 마음에 와닿는가?', '어떤 문구가 에너지를 샘솟게 하는가?' 앞의 문구는 왠지 걱정스러움의 마음이 생긴다. 그것을 향해서 내가 끝없는 노력을 해야 할 것 같아 염려스럽다. 하지만 뒤의 문구에 들어가는 "완성했다."라는 문구를 접하면, 왠지 시원한 느낌이 든다. 벌써 완성되었으니, 그냥 느끼고 즐기면 된다는 생각이 든다. 목표 달성된 상태 느끼고 즐길 수 있다면, 비록 현재 그것이 달성되지 않았다 하더라도, 현실은 내 느낌 대로 그대로 변화되어 갈 것 같은 느낌이 든다. 이 느낌, 이것이 목표를 쉽게 달성하는 최고의 시크릿이다. 그래서 달성할 목표는 반드시 완료형으로 적는 것이 중요하다.

초고 완성 목표 문구를 만들었다면, 다음에 할 일이 선포하는 것이다. 목표를 만들어 놓고 자신만 보는 것보다 다른 사람에게 선포하면 더 강력한 실행력을 장착할 수 있다. 나는 이 방법을 아주 오래전부터 사용했다. 새로운 도전을 할 때마다, 주변 사람들에게 이야기했다. 나의 도전을 주변에 선포하게 되면 이제, 진퇴양난의 상황이 된다. 뒤로 물러설 수도 없고 오로지 앞으로만 전진하게 된다. 선포함으로써 스스로 그런 상황에 놓이도록 한 것이다. 이렇게 해서 도전을 성공한 경우는 많다. 사소한 도전일지라도 주변에 알리는 것이 좋다. 흡연하는 사람이 주로 많이 하는 방법이 주변에 선포하는 것이다. 나는 지금부터 백해무익한 담배를 끊을 거야, 라고 알리고 나면, 중간에 고비가 오더라도 남의 눈이 무서워 고비를 넘기게 된다. 책 쓰기에도 마찬가지로 이것을 활용해야 한다. 사방팔방 나의 책 쓰기를 소문내고 수없이 찾아오는 고비들을 넘겨야 한다.

초고 완성 선포를 누구한테 해야 할까? 그 대상은 크게 3부분으로 나누어 생각할 수 있다. 첫째는 가족한테 선포한다. 가족은 나와 가장 가까운 곳에 있는 사람들이다. 가족에게 선포하지 않고는 책 쓰기를 성공하기 어렵다. 가족의 협조가 책 쓰기 성공과 직접적 연관이 있는 것이다. 내가 인생 첫 책을 쓸 때 아이들이 방학 기간이었다. 늦은 결혼으로 아이들은 초등학교 저학년, 가장 시끄럽고, 손이 많이 가는 나이 때였다. 그래도 무난히 어려움을 넘길 수 있었던 것은 아이들의 협조와 남편의 배려가 있었기 때문이다. 주중에도 나는 독서실을 찾아서 글을 썼다. 주말에는 두말할 것도 없이, 남편이 아이들을 데리고 야외로 나갔다. 그 사이, 나는 주중에 못 쓴 꼭지 글까지 완성할 수 있었다. 두 번째, 선포할 대상은 친구들이다. 친구들은 나에게 언제든 만만하게 전화를 할 수 있는 사람이다. 한 참 쓰고 있는데 전화가 와서 통화를 했다면, 다시 원래의 글 쓰는 감정 상태로 변화되는 데 시간이 걸린다. 전화 통화 앞뒤로 최소 1시간은 낭비가 일어날 수 있다. 그렇기에 가까운 친구에게도 책 쓰는 시간 동안, 최대 2달간은 양해를 미리 전하는 것이 좋다.

마지막으로 초고 완성 선포해야 하는 곳은 SNS이다. 요즘 대부분, 한두 개 정도 SNS 계정을 가지고 있다. 선포는 많은 사람에게 할수록, 더 강력한 효과를 나타낸다. 그래서, SNS에 공개적으로 "나는 언제까지 초고 완성했다."라는 선포를 한다면, 약속에 대한 더욱 책임감이 생기게 된다. 만약 SNS 활동하는 것이 없다면, 이참에 만들어 보는 것도 권한다. 책이 나온 이후에, 책 출간을 알리기 위해서도 미리 준비하는 것도 좋다. 나의 분신인 책, 자식과 같은 책에 대해 자랑할 장소를 미리 만들어 놓는다는 것이다. 블로그나, 인스타그램, 페이스북, 비록 계정 만들고 활동한 지 얼마 되지 않아서 이웃이나 인친의 수가 적더라도 디지털 세상에 초고 완성 날을 선포했다는 자체로 내 마음가짐이 달라질 것이다. 나중에 1꼭지 쓸 때마다 올릴 수도 있는데, 이런 식의 선포는 꼭지를 쓸 때도 활용할 수 있다.

책 쓰기 또한 명확한 목표가 필요하다. 모호한 목표에서는 모호하게 책을 쓰게 된다. 명확한 목표라야 생생하게 느낄 수 있고, 목표는 자연스럽게 달성된다. 책 쓰기의 목표라고 하면, 책 출간일 것이다. 이것은 책 쓰기의 최종 목표라고 할 수 있다. 과정 중에서 꼭 달성해야 할 목표도 있다. 과정 중의 작은 목표들이 이루어져야 출간도 가능하다. 과정 중 이루어야 할 대표적인 목표가 목차완성, 초고 완성 같은 것이다. 목차완성의 기간이 사람마다 천차만별인데, 명확하게 그림을 그리고 목차를 완성해야겠다. 그리고 초고 완성이 이루어지면, 퇴고 과정을 거쳐서 투고하고 계약, 출간까지 갈 수 있다. 명확한 목표를 세운다면 나아가야 할 방향과 길도 명확해진다. 그러므로 책 쓰기는 빠르게 현실로 변화될 것이다. 책을 쓰고 싶다면 목표부터 명확하게 세워보자. 명확한 목표가 우리의 목표에 대한 느낌을 강렬하게 해서 결국 현실로 만드는 수단이 될 것이다.

# 목표는 기록하고 벽에 붙여라

최근 아이들과 점핑 운동을 시작했다. 그동안 운동하는 것을 잊고 살았는데, 운동을 하니 덜 피곤하고 좋다. 점핑 장을 찾게 된 것은 계기가 있었다. 대학 동기 중 한 명이 인스타그램에 자신의 운동 장면을 매일 올려놓았다. 주로 맨손체조로 근육을 강화하는 운동이었다. 요즘은 '홈트'라는 표현을 많이 쓴다. '홈트', 처음에는 그 용어가 낯설었다. 나중에 알고 보니, 홈트레이닝의 약어가 '홈트'였다. 동기는 홈트하는 것처럼 매일 운동하는 장면을 올렸다. 그리고 점핑이야기도 했다. 그래서 나는 '점핑이 뭐야?'라는 궁금점과 함께 호기심이 생겼다. 하루는 운전하고 가다가 도로변에 점핑이라는 간판이 대문짝만하게 적힌 건물을 발견했다. 그래서 '그래, 한번 가보자.'라는 생각과 함께,

그곳을 찾게 되었고, 등록 후 점핑을 시작하게 되었다.

점핑장 실내 게시판에 여러 사진이 걸려있었다. 사진 한 장 안에 살을 빼기 전 모습과 빼고 난 후의 모습이 동시에 들어있다. 여러 사람의 사진이다. 정말 놀라웠다. 같은 사람인데, 분위기며, 체형에 있어서 완전히 다른 사람 같았다. 그 사진을 보면서, '정말 다이어트가 최고의 성형이란 말이 맞다.'라는 생각이 들었다. 나는 운동 중간에 수시로 그 사진을 보게 되었다. 탁자 앞에 그 사진이 있어, 운동 전, 운동화를 신으면서 그 사진을 본다. 그리고 운동이 끝나고 딕자에 앉아서 사람들과 수다를 떨면서 간간이 그 사진을 또 쳐다본다. 볼 때마다, 나의 뇌에서는 와 정말 살 빼니까 이뻐 보인다. 여자는 매력적인 모습이 되었고, 남자는 건강하고 강인한 모습으로 변한다. 나도 저렇게 되어야겠다는 각오가 절로 생긴다. "인생은 살 빼기 전과 살 뺀 후, 2부분으로 나눌 수 있다."라는 말처럼, 사진 속의 그들처럼 나도 살 빼고 제2의 인생을 살고 싶다는 간절함이 솟아났다.

책을 쓸 때도 목표를 적어두고 수시로 봐야 한다. 벽에 붙여두면 책 쓰기 성공하는데, 도움을 많이 받는다. 책 쓰기에서 어쩌면 가장 중요한 초고 완성. 그 목표를 붙여 두면 다음과 같은 효과가 있다. 대부분 알고 있는 내용이지만 다시 한번 더 확인해보도록 하겠다.

첫째는 눈으로 보면서 자극받는다.

마음속 목표는 잘 잊어버린다. 사람의 마음이 간사하고 약한지라, 언제든 흔들린다. 목표라고 굳게 정해두었지만, 눈앞에 없으면 잊어버리기도 한다. 그것을 방지하기 위해서 눈에 보이게끔 한다. 눈으로 보고 다시 목표에 대한 마음가짐을 가지기 위함이다.

둘째는 자주 목표를 확인할 수 있다.

목표는 자주 보면 볼수록 좋다. 눈에 익으면 머리에도 익숙해지고, 머리에 익숙해지면, 나의 삶인 듯 느껴진다. 이 느낌이 자연스러울수록 현실로 이어지기 때문에 자주 목표를 확인하는 것이다.

셋째, 눈으로 자주 보면 볼 때마다 동기부여 받는다.

한 번이라도 더 보면, 마음에 한 번 더 새겨진다. 시각적으로 보는 것이 그래서 중요하다. 마음에 담아진 것들은 목표를 꼭 달성해야지 하는 동기부여의 요소가 된다. 벽에 붙은 목표를 자주 보고 동기부여 메일 받아야 한다.

넷째, 목표완성 날짜에 대해 잊어버리지 않는다.

나이가 들수록 목표는 붙여두어야 한다. 직장인들도 붙여두어야 한다. 생각할 것 많고, 할 일 많은 사람은 나의 소중한 목표 달성 날짜를 매일 상기해야 한다. 안 그러면, 잊어버릴 수 있다. 목표완성 날짜, 이

날 나는 크게 웃을 것이란 생각을 가지도록 해야 한다.


　다섯째, 꿈에서도 목표를 쉽게 떠올린다.

　머리에 박힌 목표는 꿈도 꾸게 된다. 꿈에서 나는 소중하고 간절한 그 목표를 달성하고 행복해하는 꿈을 꾼다. 밤에 꿈을 꾸고, 낮에도 상상으로 꿈꾸면서 하루 24시간 그 목표와 함께해야 한다.


　여섯째, 수시로 목표를 읽고 상상하며 생생히 느낀다.

　생생히 느끼는 방법은 명확한 목표를 자주 접하는 것이다. 목표가 나의 현실이듯이 생각하면서 느껴보는 것이다. 이 느낌으로 우리의 목표는 빠르게 현실이 된다. 목표는 수시로 보고, 수시로 상상하면서 생생히 느끼기 위해 반드시 붙여두어야 한다.


　명확한 초고 완성 목표 어디에 붙여야 할까? 눈에 잘 보이는 곳, 수시로 볼 수 있는 곳이 정답이다. 그렇다면, 크게 3부분을 떠올릴 수 있다. 첫째는 글 쓰는 나의 책상 앞이다. 둘째는 현관 앞이고, 셋째는 나의 일터이다. 첫째, 나의 책상 앞에 붙이는데, 앞에 벽이 없다면 어떡해야 할까요? 이런 단순한 생각이 순간 스쳐 지나갈 수 있다. 그렇다면, 노트북 거치대나, 노트북 터치패드 옆에 작은 메모장에 적어 붙여두기를 한다. 어찌하였든, 글을 쓰는 시간, 대략, 2~3시간, 많게는 5시간 이상 동안 수시로 볼 수 있게끔 붙여두면 된다. 때론 너무 많은 내용을 붙여두면, 아예 보지 않게 된다는 점, 인지해야겠다. 인생 첫 책을 쓸 때 나는 책 쓰는 비법에 대한 것들을 노트북에 붙여두었는데, 중요한 것이 많은 만큼 붙이는 것도 많았다. 너무 많이 붙여두는 것은 눈이 잘 가지 않는다. 그래서 꼭, 필요한 것, 초고 완성 목표나, 1꼭지 쓰는 비법 중, 중요한 것 한 가지, 요렇게 딱 2개만 붙여두니, 오히려 자주 보게 되었다. 핵심 2가지 정도, 머리에 확실히 입력하고 싶은 것 2가지 정도만 붙여두는 것으로 하자.

두 번째는 현관 앞에 붙인다. 집 밖을 나갈 때 현관문을 열기 전 볼 수 있도록 하는 것이다. 과거, 나는 운전하고 가다가, 내가 가스레인지 불을 껐나?, 라는 염려 때문에 차를 돌려 다시 집안을 들어간 경우가 있었다. 그래서 현관문 앞에다가 가스레인지 "확인하기" 간단한 문구를 포스트잇으로 붙여두었다. 그렇게 해서 가스레인지 불을 확인하게 되었고, 쓸데없이 귀한 시간을 낭비하지 않게 되었다. 그것처럼, 초고 완성 목표는 책 쓰는 현재 나에게 가장 중요한 부분이다. 그래서 항상 기억하기 위해, 현관 앞에다가 붙여두는 것이다. 나갈 때, 때론 들어올 때도 확인이 되니, 최소, 하루 2번은 목표 확인 반복이 된다. 세 번째는 일터에 목표를 붙여둔다. 일터에서 우리는 많은 시간을 보내게 된다. 사무실에 앉아서 일하는 사람이라면, 일하는 8시간 내내 책상에 앉아 있을 수도 있다. 그럴 때, 나의 목표는 당연히 책상 가까이 눈에 잘 보이는 곳에 붙여두어야 한다. 수시로 확인하면서 현재 가장 중요한 그 목표를 달성하도록 하는 것이다.

소중하고 간절한 나의 책 쓰기 목표, 붙여야 한다. 명확하게 초고 완성 날짜 정했다면, 최소 세 군데는 붙여 두고 수시로 봐야 한다. 수시로 본다는 것은 그것을 반복적으로 기억한다는 것이다. 목차를 완성하고 나면, 프린트해서 항상 가지고 다니라고 나는 이야기한다. 명함을 지참하듯이, 이제 목차를 가지고 다녀야 한다. 그렇게 수시로 보게 되는데, 그렇게 함으로써 쓸 목차, 꼭지 제목들에 대해서 익숙해지고, 아이디어를 얻을 수 있다. 글감을 찾는데, 도움을 얻게 된다는 것이다. 책이란 것은 사례와 메시지가 있어야 쓰는 것이고, 그 사례와 메시지는 나의 아이디어로 찾게 된다. 수시로 보는 목차로 인해, 어느 날 문득, 아이디어를 얻게 된다. 이것은 오로지 반복해서 목차를 보았기 때문에 가능하다. 목표 달성도 마찬가지이다. 목표 달성 수시로 봄으로써 달성 방법에 대한 아이디어도 얻고, 생생히 느낄 수도 있다. 생생히 느끼는 것은 곧 현실로 가는 급행열차를 타는 것과 같다. 글 쓰는 책상이고, 현관문 앞이고, 일터이고, 나의 목표를 붙여두고, 이제, 그 목표대로 생생히 느끼면서 책 쓰기 완성을 향해 전진해 보자.

# 출간 후 경험하게 될 장면 하나 미리 정해라

아들은 얼큰 수제비를 좋아한다. 한번 맛보고 난 뒤부터 오매불망 얼큰 수제비를 먹고 싶다고 한다. 홍합과 바지락이 듬뿍 들어간 수제비, 조개 국물 맛에 쫄깃쫄깃한 수제비가 별미다. 정말 먹어도 먹어도 질리지 않을 것 같은 맛이다. 아들이 이 음식을 좋아하는 이유를 들어 보면, 군침이 돈다. 아들은 이 수제비가 그렇게 좋은 모양이다. 먹고 돌아서면서, 또 먹고 싶다고 말한다. 그래서 최근 우리의 외식은 항상 그 칼국숫집이다. 다른 것을 먹고 싶어도, 아들 때문에 그 집을 또 찾게 된다.

아들은 평상시에도 자주 말한다.

"엄마, 얼큰 수제비가 내 입으로 들어오는 것 같아."

얼마나 먹고 싶으면, 입으로 들어오는 듯 느껴질까?, 참 내, 나는 할 말을 잃었다. 아이가 그렇게 말하고 나서 상상까지 하면, 더 먹고 싶어 못 참는 기미를 보인다. "엄마, 빨리 먹고 싶어, 빨리 가자고."라며 졸라대기 시작한다. 상상이 몸을 일으켜 그 집으로 가도록 만든다. 먹는 상상을 하면 더욱 먹고 싶어지는 것이 사실이다. 입안 가득히 얼큰한 국물에 쫄깃한 수제비까지. 행복해하는 자신의 모습이 연상되는 듯하다. 맞다. 어떤 장면을 연상하고 상상하면 그것이 너 간설해진다. 간절한 만큼 바로 실행에 옮기게 된다. 내가 간절히 원하는 목표에도 이런 상상을 해 보는 거다. 목표 달성 후 내가 경험할 다양한 장면들을 상상해 보는 거다. 출간 후 특정 상황 속에 있는 나 자신을 생생히 만들어 느낄 수만 있다면 책을 쓰고 작가가 되는 것이 그렇게 어렵지 않게 된다.

책을 출간했다고 가정했을 때, 떠오르는 장면이 있을 것이다. 지금 눈을 감고 상상해 보자. 내 이름 석 자 박힌 책을 받아보고, 그것을 한참 동안 바라본다. 그리고, SNS에 사진을 찍어 올릴 수 있다. 아니면, 카톡으로 가족들에게 받은 책을 알려주기도 한다. 또 다른 장면이라면 어떤 것들이 있을 수 있을까? 아마도 저자 강연회를 떠올릴 수 있을 것이다. 판매지수가 높아 온라인 서점에서 연락이 올 수도 있다.

요즘은 온라인 서점에서 저자 강연회를 개최하기도 한다. 아니면, 독서 모임에서 저장강연회 겸 강의를 듣고 싶다고 연락이 올 수도 있다. 다양한 장면 하나를 정할 수 있다. 그렇게 한 가지 장면을 정하고, 그것에 대해 마음과 머리로 상상하며 흠뻑 느껴보자.

나도 인생 첫 책, 《하루 한 권 독서법》을 쓸 때 이런 상상을 했다. 출간 후 내가 경험할 가장 행복한 장면 하나를 정해서 초고를 쓰는 동안에 되풀이 상상했다. 나는 주로 저자 강연회 하는 장면을 상상했다. 누군가로부터 연락을 받고 저자 강연회를 하는 나의 모습을 매일 상상했다. 조금 빨리 저자 강연회장소에 도착해 마이크며, 노트북 상태, 빔 상태를 점검하고, 강의 후에는 출간한 내 책을 구매해 온 독자에게 사인해주는 장면을 생각했다. 이런 장면은 핵심 장면에서 부수적으로 연이어 떠오르는 장면들이다. 이런 장면 중 한 가지를 정해 자주 상상하면서 행복했다. 이 행복한 장면들이 곧 나에게 나타날 현실이 될 것이란 믿음이 절로 생겼다.

출간 후의 행복한 장면들을 떠올리는 것에 큰 의미를 두지 않을 수도 있다. 그런 장면이 무슨 도움이 될까?, 라고 부정적인 생각을 한다. 지금, 열심히 하면 되지, 귀찮다는 생각이 들기도 한다. 하지만 그렇지 않다. 책 쓰기 방법을 배우는 이상으로 이런 상상과 느낌을 갖는 것이 중요하다고 강조하고 싶다. 즉, 책 쓰기 성공에서 의식 부분은 가장 기본이면서 강력한 힘을 발휘할 수 있다. 지금 그 부분을 강조하기 위해서 이 원고를 쓰고 있다. 책 쓰면서 수많은 고비가 찾아온다. 어쩔 수 없는 변수들이 책 쓰기를 방해한다. 나의 의지와 상관없이 현실 상황이 책을 못 쓰게 한다. 예를 들면 갑자기, 집안에 큰 우환이 생겼을 경우도 있다. 가족에게 안 좋은 일을 일어났다. 이럴 때 책 쓰기가 후순위가 된다. 그럴 때일수록 글쓰기, 책 쓰기로 마음을 잡아보는 것도 좋다. 마음가짐을 단단히 하기 위해, 우리는 출간 후 한 장면을 계속 붙들고 있어야 한다. 출간 후 멋진 장면 하나를 정해둔다면, 복잡한 상황, 혼란한 생각 대신 단순하게 그 장면을 반복해서 느끼며 계속 책 쓰기를 진행할 수 있다.

세부살이 하기 전에 나는 오로지 한 장면만을 떠올렸다. 신기하다. 일부로 그 장면을 정해서 떠올린 것도 아니었다. 그냥 그 장면이 계속 생각이 났다. 그 장면은 세부에 있는 2층 빌리지 안에서 아이들은 아침을 먹고 가방 끌고 바로 옆에 있는 학교로 등교하고 나는 대충 집안 정리하고 식탁에 앉아서 글을 쓰는 것이었다. 필리핀은 세부 살이 전에 먼저 잠깐 방문했었다. 학교와 빌리지는 거의 같은 장소에 있었다. 빌리지를 방문했었는데, 한국과 비교해서 집 자체가 조금 허술하긴 해도 아이들이 좋아하는 2층 구조라서 아이들도 마음에 들어 했다. 그리고 가구들이 갖추어져 있어 기본적인 생활 도구만 가지고 가도 생활이 가능했다. 학교도 역시 잠깐 가보았다. 미리, 가본 곳이라 쉽게 행복한 세부 살이 장면을 상상할 수 있었던 것 같다.

세부 살이 하는 장면은 수시로 생각이 났다. 사전방문을 갔다 오고 세부 살이를 해야겠다고 생각한 것은 한 달이 지난 후였다. 견학 후 바로 생각이 난 것은 아니었다. 그 한 장면, 아이는 학교 가고 나는 글 쓰는 그 장면이 계속 생각이 났다. 특히 잠을 자기 직전에는 더욱 생각이 많이 났다. 주변은 조용하고, 이제 취침에 들기 전, 몸도 마음도 이완된 상태에서 필리핀 세부에서 아침 풍경 그 장면이 또 생각났다. 취침 전에 생각난 것들은 밤새도록 나의 뇌에서 작업을 한다고 한다. 만약 그것이 꿈과 목표라면, 그것을 달성하기 위해 나의 깊은 내면에서 현실로 만들 특별한 방법들을 만들어내는 것이다. 그래서 그런지, 나는 사전방문 후 한 달 만에 세부 살이를 결심하게 되었다. 결심이 있고, 그것을 이루기 위한 작업이 나의 사고와 행동에서 일어났다.

책 쓴 후의 나의 변화된 모습 한 장면은 직접 만들어 보아야 한다. 나에게 생각된 세부 살이의 한 장면은 방문해 보았기 때문에 자연스럽고 쉽게 생각났지만, 경험하지 않은 일은 인위적으로 만들어 봄이 필요하다. 미리 앞서서 목표 달성된 상황, 책 쓴 상황의 한 장면을 상상해서 정해 보는 것이다. 상상이니, 쉽지 않을 수 있다. 그래서 눈에 보이는 것으로 기록을 하면서 한 장면 정해 보자. 이것 또한 브레인스토밍이다. 인생 버킷리스트, 인생 첫 책 쓰기를 완성했을 때 내가 경험할 사건이나 상황의 한 장면들을 모두 적어본다. 말이 되든 안 되든 상상의 나래를 펴서 기록해 보는 것이다. 세세한 것까지 적어도 둔다.

1. 가족들이 나를 쳐다보는 눈빛이 달라졌다.

2. 아들, 딸들이 나의 책을 들고 "엄마, 대단해요."라고 엄지척하면서 말한다.

3. 남편이, "여보 대단해, 수고했어."라고 다정한 눈빛으로 말한다.

4. 직장 동료는 출간한 나의 책을 가지고 와서 사인을 부탁한다.

5. 직장 관리자는 직장에서 강연해달라고 부탁한다.

6. 직장에서 내 책과 관련한 강연을 한다.

7. 강연 후, 강사로서 강연비가 내 통장에 입금된 것을 기분 좋게 바라본다.

8. 내 책을 보면서, 따뜻한 커피 한 잔을 마시며 스스로 "훌륭하다." 라고 칭찬한다.


출간 후, 나에게 일어날 수 있는 일들은 차고 넘친다. 행복한 마음, 설레는 마음으로 한 장면, 한 장면 상상하면서 메모해 보는 것이다. 그리고 제일 멋지고 행복한 장면 하나를 선택하자. 그것은 나의 책 쓰기에 날마다 동기부여 역할을 할 것이다. 그 장면은 수시로 생각하고 더욱 세밀하게 가꾸면서 나의 책 쓰기 완성되는 그 날까지 나와 함께할 것이다.


출간하고 난 뒤 실제 일어날 장면 하나를 정하는 것이 중요하다. 그 장면은 책 쓰기가 완료될 때까지 나를 이끌 견인차이다. 책 쓰면서 발생하는 수많은 장애물을 거뜬히 넘길 수 있도록 한다. 책 쓰기 결심 후 시작은 잘했더라도, 초고 쓰는 과정 내내 방해하는 변수들은 많다. 그 변수들 때문에 책 쓰기가 늦추어져서는 안 된다. 늦추어지면 열정이나 마음 자세를 다시 끌어올리기가 힘들어진다. 정해진 계획대로, 무난히 책 쓰기란 배를 항해하기 위해 출간 후 맞이할 행복하고 멋진 장면을 하나 정해두어야 한다. 생각할수록 행복한 그 장면은 책 쓰기를 무사히 마칠 수 있도록 도와줄 것이다. 바라보지 말고, 그 장면 안에서 직접 행동해야 한다. 행동하면서 느껴지는 감각들을 음미하길 바란다. 기분 좋게 경험할 그 장면을 실제처럼 제대로 느낀다면 책 출간도 그리 오래 걸리지 않을 것이다.

## 출간 후 내 모습을 상상해라

간절히 원하는 것이 생기면, 자신도 모르게 원하는 것이 이루어진 모습을 상상한다. 아직 현실에서 일어나지 않았지만, 그것을 현실에서 보는 것처럼 생각하고 자꾸 말한다. 반복되는 이런 과정을 통해서 상상은 구체성을 띠게 되고 자신의 마음은 물론 주변 사람들의 마음마저 바꾼다. 온 우주가 나의 간절한 소망이 달성되도록 변화되어 간다.

"엄마 집에 가면, TV를 거실에 내놓을 거야, 그래서 영화도 보고, 보고 싶은 모든 것을 편하게 볼 거야."

현재 나는 아들만 데리고 친정집에 와있다. 팔십 노모께서 백내장 수술을 하셨다. 연세 많으시고, 인공 무릎관절 수술도 일찍이 받으셔서, 걷는 것도 건강하지 못하시다. 그런데 백내장 수술을 해서 안경까지 착용하지 못하니, 여러모로 위험한 상황이다. 나는 미처 이런 친정 엄마의 상황을 헤아리지 못했다. 내가 바쁘니, 엄마의 상황이 눈에 들어오지 않았다. 다급한 언니의 전화를 받고 '아차'하는 마음에 급히 친정집을 찾게 되었다. 코로나 팬데믹 상황으로 다행히 기차역은 한산했다. 아들과 함께 김천 고향을 찾았다. 그리고 어머니를 챙겨드렸다. 하루에 4번씩 넣는 안약도 넣어드리고, 수술 직후 일주일간 매일 방문하는 병원도 동행하며, 든든한 딸 역할을 해드렸다. 이제는 어머니도 자녀들과 함께 사셔야 할 것 같다는 생각이 많이 들었다. 당신께서는 혼자 집에 있는 것이 편하시다고 자식들의 권유에도 극구 반대하시지만, 이제는 자녀들의 도움이 필요하시다고 생각했다. 이런 상황에서도 어린 수홍이는 집에서는 못하는 게임에다 TV를 실컷 할 수 있어 기분이 최고이다. 집에 가서도 자신은 TV를 계속 볼 것이라고 내가 들으라는 듯, 크게 이야기한다. 또 반복해서 말한다.

아이의 이야기를 들으면서 왠지, 나의 마음이 바뀌는 것을 느끼게 되었다. 할머니 집에서 TV를 보면서 아들은 집에도 TV가 있었으면 하는 간절한 욕구가 생겼던 모양이다. 그러면서 말하기 시작했다. "엄마, 집에 올라가면 TV를 거실에 내놓고 볼 거야, 그것도 다양한 채널이 있으니, 보고 싶은 영화도 내려받아서 볼 거야." 앵무새처럼 반복한다. 처음에는 너무 어이가 없는 말에 그냥 무시했다. 대답할 가치도 못 느꼈다. 감히, '허락도 없이, TV를 거실에 내놓는다고? 요놈이 상상도 야무지다.'라고 속으로 생각했다. 우리 집에서 TV를 설치하지 않고 창고 방의 한쪽 구석으로 붙여두었다. 아이들은 한번 보기 시작하면 거의 다른 것을 하지 않고 TV만 보는 경향이 있어서 치워두었다. 이런 상황인데, 아이의 계속된 말에 적응이 되었는지, 점점 감정이 격해지지도 않고, '그래, 그래라.' 하는 마음이 들었다. 그리고 집으로 올라오기 직전에 나는 생각했다.

'TV를 내놓을까? 어차피 통신 비용은 매달 나가고 있는데, 그리고 유튜브 보여주는 것보다, TV가 더 교육적이지 않을까?'

아들이 TV 이야기를 하기 전에는 TV를 다시 설치해서 보여준다는 생각을 전혀 하지 않았다. 하지만 지금은 '그렇게 할까?'라고 고민한다. 그래서 나는 느꼈다. '아들의 간절함이 나를 바꾸는구나, TV에 관한 간절함으로 내가 창고에 넣어둔 TV를 다시 내놓고, 아이들을 보게 할까?'라는 생각까지 하도록 만들었구나. 역시, 한 사람의 간절한 소망이 얼마나 주변을 변화시키는지를 조금 감지할 수 있었다.

출간하고 난 후 나의 모습은 변화했다. 출간한 한 권의 책으로 삶이 변화된 것이다. 바뀐 나의 일상과 모습을 들여다보았다.

출간 후 새벽 기상을 꾸준히 한다. 새벽 기상은 독서를 하면서 처음, 시작했다. 새벽 기상을 통해서 수많은 아이디어를 얻었다. 새벽 에너지는 창조의 에너지이다. 뭔가 새로운 것을 만들어낸다. 창조의 에너지가 사람들에게도 그대로 작용한다. 더 창의적으로 되고, 풀리지 않는 문제에 대한 다양한 답을 생각해내어 그중 가장 좋은 답을 선택한다. 새벽의 이런 가치를 발견하고 난 뒤, 새벽 기상은 성공적인 하루를 위해 가장 기본이 되었다. 출간 후에도 여전히 새벽 기상은 고수하려 하고 꾸준히 유지한다. 새벽에 일어나서, 지금도 삶을 변화시킬 아이디어, 아이들의 미래에 영향을 끼칠 아이디어를 얻고 있다. 나의 모든 도전은 새벽에 얻은 아이디어의 결과이다.

새벽에 일어나서, 1꼭지 글을 완성한다. 나는 하루 중, 가장 중요한 일로 1꼭지 쓰기를 결정하였다. 개인적인 면에서 1꼭지 글쓰기를 최고의 일로 정한 것이다. 물론 아이들이 가장 우선이고, 가정이 최고이지만, 나 자신의 삶에서 1꼭지 글쓰기를 중요한 하루 일로 정한 것이다. 이렇게 정한 이유는 계속 쓰기 위해서이다. 쓰는 것을 내 주특기로 만들기 위함이다. 책 출간이 목적이 아니다. 출간은 부수적인 혜택이다. 눈에 보이는 것보다 눈에 보이지 않는 것에 나의 하루 최고의 목표를 두었다. 그것이 바로 1꼭지 써서 평생 책 쓰는 삶, 책 쓰기 쉽게 가르치는 책 쓰기 전도사의 역할을 하는 것이 나의 목표이다. 지금도 이 시간, 나는 1꼭지 글을 완성하려 한다. 이것을 완성하고 나는 아이들을 깨울 것이다.

매일 1꼭지 쓰기를 목표로 나는 노력한다. 매일 1꼭지 글쓰기를 하면, 어제의 내가 아니다. 어제보다 1꼭지를 더 써봤기에 나의 경험과 노하우는 더 쌓였다. 해보지 않고, 그것을 가볍게 생각하면 안 되겠다. 1꼭지 글 쓰는 시간이 불현듯, 나에게 기가 막힌 깨달음을 주기도 한다. 누적된 쓰기의 기운이 어느 날 문득, 특별한 깨달음을 얻게 하고, 잘 쓸 기회를 마구 방출해 주는 것이다. 그래서 나는 매일 1꼭지 쓰기를 노력 중이다.

나는 퇴고를 하루에 3꼭지씩 한다. 매일, 1꼭지 글쓰기를 하다 보니, 초고도 쌓이게 된다. 초고가 쌓이면 마음이 든든하다. 초고가 있어야 퇴고를 하고, 퇴고를 하면 투고도 하고, 책도 세상에 나온다. 공장에서 물건을 만들어내듯, 거침없이 꾸준히 출간한다. 1꼭지 쓰고, 3꼭지 퇴고하기, 이렇게 나의 마음에 책 쓰기 공장을 차려놓고, 쓰고 출간하기를 반복한다. 나이 들어 도저히 움직이지 못할 때까지 계속 이어질 것이다.

출간 후 나는 수시로 책을 본다. 책은 쓰기 위한 재료이다. 읽는 책이 책 쓰는 원동력이다. 그래서 수시로 읽는다. 읽고 새로운 정보를 얻고, 그것이 바탕이 되어 새로운 아이디어를 만든다. 이런 정신적인 과정이 계속 일어나게 된다. 이것이 바로 독서인 것이다.

출간이 나에게 안겨다 준 이익은 그 외에도 더 많다. 갱년기 극복에도 책 쓰기가 한몫했다. 책 쓰기의 긍정적인 효과는 다 열거할 수가 없다.

원하는 새로운 삶을 미리 상상해 보자. 시간이 지날수록 1꼭지 쓰는 실력은 좋아지고, 아무렇지 않게 뚝딱 1꼭지를 써내는 동력이 될 것이다. 그렇게 점점 완성한 초고는 쌓여가고 언제든 퇴고하고 투고할 수가 있다. 상상만 해도 기분 좋은 일이다. 이런 나의 변화될 일상과 모습을 인생 첫 책 쓰는 중에 제대로 상상하고 제대로 느껴보는 것이다.

출간하고 난 후의 내 모습을 상상하면서 책을 쓰자. 그렇게 한다면, 좀 더 쉽고 빠르게 출간할 수 있다. 나는 첫 책을 쓸 때, 1꼭지 써내는 것이 정말 힘들게 느껴질 때가 많았다. 하지만 그럴 때, 고비라고 생각하고 넘겼다. 고비를 인지하면 극복할 힘이 생긴다. 고3 수험생도 아닌데, 노트북을 가방에 넣고, 도서관으로, 독서실로 글 빨이 받는 곳으로 찾아다녔다. 그렇게 1꼭지를 매일 써내려고 노력했다. 아무리 힘들게 느껴지더라도 시간이 지나면 해결된다. 실력이 느는 과정이다. 만약, 힘들다고 잠시 쉬어가면, 다시 거기까지 올라오기가 또 힘들어진다. 힘들면 쉬고, 또 힘들면 쉬고를 반복한다면, 고비를 넘기지 못하고, 헛발질만 하게 된다. 힘든 책 쓰는 과정을 잘 넘기기에 좋은 방법 하나가 출간하고 난 후의 자신의 모습을 상상하는 것이다. 잠시 휴식을 취하면서 출간 후 나의 일상사와 멋진 모습을 상상해 보자. 상상하고 리얼하게 오감으로 느껴보자. 생생히 느끼면 책 출간은 더욱 빨리 나의 삶에 나타난다는 생각으로 자주 느껴보시길 바란다.

# 잠들기 직전 시간을 활용해라

코로나19 상황이 가라앉을 기미를 보이지 않고 있다. 원래는 필리핀 세부에서 좀 더 살 예정이었다. 그래서 직장도 휴직을 냈었다. 2019년 말부터 시작한 코로나는 2020년 초부터 전 세계적으로 확산하였고 아이들과 나는 2020년 3월에 귀국하게 되었다. 그리고 상황을 지켜봤다. 시간은 자꾸 흘러간다. 세부는 학기 시작 달이 한국과 다르다. 6월 초 방학이 끝나는 시기에 코로나 전파가 멈춰진다는 보장이 없다. 그래서 고민했다.

'아이들 학교를 어떻게 할 것인가? 세부를 못 간다면, 어떻게 해야 할까?'

판단하기 어려웠다. 한국 학교를 보내는 것도 그렇고, 그렇다고 코로나가 끝나면 바로 필리핀 세부를 다시 갈 수 있을지도 확실하지 않은 상태다. 어떻게 해야 할지 갈피를 잡지 못했다. 세부 이웃 빌리지에 살던 에이미네도 현재 한국에 있는데, 나와 비슷한 고민을 하는 듯했다. 에이미는 아이를 한국 학교에 보낼지, 어차피 한국도 온라인 수업이니 그냥 집에서 세부학교 온라인 수업을 받도록 하여 세부학교 소속으로 있다가 코로나 끝나면 다시 세부를 들어갈지 생각 중이라고 했다.

어느 날 아침, 이 고민에 대한 답을 찾게 되었다. 아침에 일어나자마자 이런 생각이 들었다.

'코로나 상황을 예측할 수 없다. 예측할 수 없는 그것만 바라볼 것이 아니라, 일단은 아이들을 한국 학교에 보내자. 그리고 상황을 봐가면서 다시 세부를 갈지, 말지 결정하자.'

그리고 바로 집 근처 초등학교를 방문했다. 학교에는 아이들만 없을 뿐, 선생님들은 출근하셔서 일을 보고 있었다. 교감 선생님을 만나뵙고, 간단히 전학 절차를 밟았다. 그리고 배정된 담임교사로부터 상세히 온라인 수업에 대한 안내를 받았고, 다음날 교과서를 받고, 아이들은 정식으로 그 학교 학생의 신분으로 공부를 시작했다.

나는 고민했던 문제에 대한 답을 새벽에 얻는 경우가 많다. 밤새 생각한 것들, 아니면 자면서까지 고민한 문제를 새벽에 일어나서 다시 생각하면, 뇌가 미리 답을 준비해서 알려주는 듯, 간단히 답을 얻게 된다. 돌이켜 보면, 이런 경험은 여러 번 있었던 것 같다. 한편으로 신기하고 한편으로 그럴듯하고 그래서, 나는 어떤 고민거리가 있을 때, 자기 직전, 잠들기 직전에 생각하는 버릇이 생겼다. 고민뿐 아니라, 간절한 목표 달성이나 꿈의 실현도 마찬가지이다. 간절함이 있다면 이른 새벽이나 자기 직전의 시간을 활용하고 좋은 아이디어를 얻길 권한다.

하루가 다 똑같은 시간이 아니다. 하루 24시간, 그 시간별 해야 할 일도 구분해서 하면 좋다. 아침에는 머리 쓰는 일을 하는 것이 좋다. 책을 읽는다거나, 글을 쓴다거나, 뇌 상태가 좋기에 더욱 효과적인 결과물을 낼 수 있다. 그 누군가는 운동을 추천하기도 하지만 내 생각은 아니다. 운동은 몸이 조금 피곤할 때도 가능하다. 귀한 아침 시간에는 머리 쓰는 일을 하는 것이 성공적인 인생을 위해 필요하다. 아침 시간만큼이나 잠들기 직전의 시간이 매우 중요한데, 목표를 가지고 꿈을 가진 사람이라면, 이 시간에 해야 할 일이 있다. 이 시간에는 앞뒤 생각하지 말고, 꿈과 목표를 집중해서 생각하는 것이다. 적어놓은 꿈과 목표, 한 문구만을 떠올려도 된다. 덜 피곤한 날은 꿈과 목표에 대한 상상의 나래를 펴도 좋다. 기쁜 마음으로 생각하고 상상한 후에 생생히 느껴보는 것이다. 역시 머릿속으로 이다. 잠들기 직전, 잠의 상태인 약간 몽롱한 상태에서 나의 꿈과 목표가 달성된 상태를 맘껏 느껴보는 것, 그것으로 꿈과 목표는 좀 더 쉽게 현실이 될 것이다. 꿈과 목표를 달성하기 위한 상상, 느낌, 특히 이 잠들기 직전 시간이 중요한 이유는 다음과 같다.

첫째는 수면에 들어가기 전의 시간은 잠재의식이 왕성하게 활동하는 시간이다.

이 시간은 잠재의식이 깨어나 움직일 때이다. 잠재의식은 의식 밑에 있는 무의식의 큰 덩어리 부분이다. 우리는 잘 인지하지 못하지만, 잠재의식은 많은 일을 완성해낸다. 특별한 의지와 생각이 없어도 많은 일을 할 수 있는 이유는 잠재의식이 있기 때문이다. 그래서 잠재의식을 최대한 활용하기 위해서 이 시간을 직접 사용하는 것이 중요하다. 수면 직전, 하루에 딱 한 번 있는 이 시간에 생각하고, 상상하고, 느끼면서 잠재의식에 내가 소망하는 것을 주입하는 것이다.

둘째, 잠재의식 속에 나의 꿈과 목표를 제대로 박아 넣을 수 있는 시간이다.

이 시간을 잘 활용한다면, 잠재의식은 내 맘대로 조정할 수 있다. 이 시간에 생각한 것들은 거의 잠재의식으로 들어간다고 생각하면 된다. 수면 직전의 생각으로 뇌는 나의 목표와 꿈을 향해 계속 작동한다. 의식이 아니라 잠재의식 깊은 곳으로 우리의 소중한 목표인 책 쓰기 완성과 출간의 모습을 넣게 된다.

셋째, 몽롱한 수면 직전 상태에서 꿈과 목표가 이루어진 것을 더 잘 느낄 수 있다.

의식이 조금 느슨해진 시간, 수면 직전 시간에는 원하는 것을 더 잘 느낄 수 있다. 책 쓰기 완성, 내 이름 박힌 책 한 권을 생생히 보고 듣고, 냄새 맡고, 만져보고, 실제처럼 느껴볼 수 있는 것이다.

넷째, 잠재의식은 우리가 수면 중에도 왕성하게 작동한다.

수면 직전, 생각한 한 권의 내 책은 수면 중에도 여전히 뇌에서 인식한다. 자는 동안에도 그것은 뇌를 떠나지 않고 남아있어 깊은 잠재의식으로 제대로 저장하게 된다. 수면 중에도 여전히 작동하는 주제는 수면 직전 생각한 것들이다. 책 쓰기 할 때 이 시간만큼은 반드시 활용해야 좀 더 수월하게 책 쓰기를 완성할 수 있다. 다음 날 꼭지 제목도 수면 직전 한 번 더 읽어보고 생각해야 한다. 다음날, 글감의 아이디어를 쉽게 얻을 수 있을 것이다. 이 시간에 생각하고 상상하고 느끼는 모든 것은 다음 날 아침, 새로운 아이디어로 우리에게 다가온다.

하루 24시간, 시간마다 가장 적합한 일들이 있다. 왜냐하면, 시간대별로 몸과 의식 상태가 다르기 때문이다. 이른 아침 시간보다, 오히려 수면 직전의 시간이 더 중요할 수 있다. 왜냐하면, 수면 직전 시간에는 우리의 잠재의식을 마음대로 조정할 수 있고, 조정된 잠재의식이 우리의 목표와 꿈을 빠르게 이룰 수 있도록 많은 역할을 하기 때문이다. 인생 버킷리스트인 한 권의 책 출간도 이 시간을 활용하면, 다음날 1꼭지 술술 쓰면서, 1권 분량 채워 초고 완성하고, 퇴고해서 출간까지 빠르게 진행할 수 있다. 수면 직전의 시간 활용이 책 쓰기를 수월하게 하는데, 큰 역할을 한다. 수면 직전 시간에 그냥 낭비하지 말고 책 쓰기 완성하고 기뻐하는 자신의 모습을 상상해 보자. 주변으로부터 칭찬을 들으면서 강의 제안을 받는 것도 생생히 느껴보자. 이렇게 잠들기 직전의 잠재의식을 최대로 활용하며 책 쓰기 완성해보시길 권한다.

# 미리 감사하다고 말해라

현재 시각: 07시 26분


오늘 할 일

1. 친정어머니에게 오리고기 택배 보내기

2. 유기견 단체 후원금 입금하기

3. 아이들 책 구매하기


별것 아니지만, 나는 아침마다, 메모한다. 잊어버리지 말고 할 일을 챙기자는 뜻으로 시작했다. 하지만, 시간이 지나면서 메모가 기억을 도와주는 것, 외에 실천력, 추진력도 향상되게 한다는 것을 알았다.

사소한 일일지라도 하기 싫고 귀찮아지는 마음이 들 때가 있다. 그러면 나는 스스로 합리화시킨다. '오늘 말고 내일 하자. 아이들 책 사는 것, 급한 것도 아닌데, 내일 하면 어때?' 그렇게 넘어간 일들이 많다. 미루고 또 미루면서 결국에는 하지 않게 되었다. 만약, 메모하고 시작했다면 그 일을 실천했을 것이란 것을 지금은 안다. 사소한 일처럼 보이지만 사실 필요한 일들이 하루 중에는 많다. 기록의 효과를 활용한다면 미루지 않고 그때그때 하게 될 것이다. 기록한 항목들은 실천하여 달성하게 된다.

기록은 글로 표현하는 말이다. 글로 쓰든, 직접 목소리를 내서 말로 하든, 표현한 것들은 모두 나에게 책임감을 불러일으킨다. 그리고 마음가짐이 달라지게 한다. 말에는 힘이 있다고 예전부터 전해 내려왔다. '말 한대로 된다.', '말 함부로 하지 마라.'라는 문구들이 말에는 신비한 힘이 있음을 알려주고 있다. 글의 다른 모습인 말, 말을 내 목표와 꿈을 이루는데, 사용하길 권한다.

아이에게 나는 꿈을 이루는 방법을 알려주었다. 간절한 꿈이 있다면, 실제처럼 그것을 상상하고 느끼며 자꾸 말로 표현하라고 했다. 그러면 그 꿈은 현실에서 달성된다고. 네빌 고다드의 메시지를 그대로 알려주었다. 매일 나는 네빌 고다드의 책을 읽고 있다. 이 책에서 사람들이 어떻게 꿈을 달성할 수 있는지, 어떻게 하면 원하는 삶을 살 수 있는지에 대한 보석 같은 메시지를 알려주고 있다. 모든 사람이 원하는 삶을 살 수 있도록 오랫동안 강의를 한 네빌 고다드의 메시지에 나는 깊이 공감하고 있다. 그래서 생활에서도 그 원리들을 적용하고 있다. 목표에 따라, 꿈에 따라, 차이는 있지만, 확실히 효과를 보고 있다. 이 소중한 진리를 나만 알고 있기에는 아깝다. 그래서 어릴 때부터 아이들이 이 진리를 알고 꿈을 이루기를 바라는 마음에, 아이들에게 꿈을 이루는 원리에 대해서 반복해서 이야기해 준다.

아들은 잘 때마다, 자신이 살 집을 생각한다고 한다. 이층집이고, 1층에는 거실과 대형 TV, 게임방, 부엌, 그리고 2층에는 침실이 있고 침실을 나가 베란다로 가면, 거대한 수영장이 있는 집, 매일 그런 집에서 엄마와 아빠, 동생까지 사는 것을 상상하고 느끼면서 잔다고 한다. 상상한 대로 아들은 그런 집에서 살게 될 것이라고 나 역시 생각한다. 그런 아들 모습을 상상하면서 나는 행복감을 느낀다. 아들은 아직 14살밖에 안 되었지만 10년 동안 그렇게 상상한다면, 온 우주가 아들의 꿈이 이루어지도록 도와줄 것이라고 확신한다.

아들은 최근 소소한 일에 대해서도 이루기 전 말부터 하는 경우가 종종 생겼다. 자신이 정말 하고 싶은 것을 미리 말한다.

"엄마, 나는 오늘 아이스크림을 먹을 거야."

최근 시작한 점핑 건물 1층에 유명 아이스크림 가게가 있다. 아이들과 나는 함께 점핑 운동을 한다. 점핑하고 난 뒤, 몸도 가뿐하고 기분도 좋아져 아이스크림까지 먹고 싶은 바람을 아들은 표현하곤 한다.

하지만 매번 사줄 수는 없다. 아이스크림을 자주 먹으면 몸에도 안 좋은 것 같은 느낌에 몇 번씩 자제를 시켰다. 하지만, 딸은 "엄마, 아이스크림 사주면 안 돼?"라고 이야기하고, 아들은 자신이 "아이스크림을 먹을 거야."라고 말하는데, 이 두 말이 묘하게 듣는 사람 입장에서 엄청나게 다르게 느끼게 한다. 아들의 그 말에 더 많이 이끌리게 되는 것이다. 나는 아들 말을 왠지 들어주어야 할 것 같은 느낌을 받는다.

여기에 한마디만 더 붙인다면, 더욱 금상첨화가 된다.

"엄마, 나는 오늘 아이스크림을 먹을 거야. 너무 감사해."

"아이스크림을 먹어서 감사하다."라는 표현을 쓴다면, 달라진다. 감사하다고 말한 것이, 아이스크림을 확실히 먹었다는 것을 전제로 하기에 그 말의 힘이 더 강해진다. 또한 아이스크림 먹는 것을 상상할 수 있다. 감사함이 생길 정도로 더욱 생생하게 상상하고 느끼게 되는 것이다. 조금 다를 뿐인데, 아들이 말한 말은 말하는 아들이나, 듣는 사람, 모두가 그 장면을 생생하게 상상하고 느끼게 한다. 아이스크림 얼마나 달콤하며, 먹는 순간, 머리 정수리까지 시원해지는 느낌이 생긴다. 이런 느낌으로 간절히 아이스크림을 찾는데, 엄마인 나도 그 마음이 전달되어 사주고 싶은 생각이 절로 생기게 된다.

책 쓰기 할 때도 마찬가지이다. 책 쓰기가 아이스크림과 같은 나의 간절한 대상이다. 그 간절한 대상, 책 쓰기 완성, 책의 출간이 이루어졌다고 상상하면서 감사하다고 말로 해 보는 것이다.

"책을 출간하게 되어, 너무 감사하다."

말로 내뱉는 순간, 다른 느낌이 든다. 진짜 감사하게 되고, 책 출간이 되었다는 느낌을 받는다. 네빌 고다드는 꿈과 목표를 달성하기 위한 최고의 방법은 그것이 달성되었다고 내적으로 느끼는 것이라고 강조했다. 미리 감사하다고 말하는 것은 이런 느낌을 생생하게 할 수 있는 방법이다. 감사하다는 말을 자주 되뇌어 보자. 일어나서도 책 출간, 감사합니다. 심심할 때도 책 출간, 감사합니다. 되뇌는 것만으로도 책 출간은 현실처럼 느껴지고, 그 느낌대로 빠르게 현실로 다가올 것이다. 말의 힘이고, 감사함의 기적이라고 할 수 있겠다.

미리 달성된 듯, 마음에서 생생히 느끼는 것은 빠르게 현실이 된다. 책 쓰기도 예외는 아니다. 책 쓰기 완성 기정사실처럼, 생생히 느낄 수만 있다면 그것은 나의 삶에 자연스럽게 들어선다. 생생히 느끼는 것이 쉬운 것은 아니다. 이럴 때 방법이 책 출간 달성되었다고 가정하고 감사하다고 말하는 것이다. 감사하다고 반복적으로 말함으로써 점점 그것은 진짜 달성되어 감사하게 될 일인 것처럼 뇌는 착각을 하게 된다. 매일 출간한 책을 바라보고, 저자임을 느끼게 된다. 감사함을 말함으로써 더욱 현실처럼 느끼고 그 느낌이 책 출간을 앞당긴다는 점을 잊지 말고 책 쓰기에 적용하길 바란다. 책 쓰기 완성, 감사함의 말 한마디로 쉬워진다. 미리 감사하다고 속으로도 겉으로도 수시로 말해 보자.

"나는 인생 첫 책을 출간했습니다. 정말 감사합니다."

# 느끼지 못하면 창조가 어렵다는 것을 잊지 마라

형이상학자 네빌 고다드가 큰 성공을 거둔 한 사업가에게 성공비결이 무엇이냐고 질문했다고 한다. 사업가는 원하는 부를 가졌을 때의 느낌을 오랜시간 품는다고 말했다. 사업에 대한 염려 대신, 그 사업이 성공했을 때를 더 많이 느꼈다는 이야기이다. 이 느낌이 그 사업가를 성공하게 했다는 것이다. 네빌 고다드도 이 부분에 대해서 자신의 믿음과 경험이 일치했다고 언급했다.

사람들은 어떤 일에 대해 미리 걱정하는 경향이 있다. 실패했을 때를 가정하고 제2의 안전장치를 준비한다. 오히려 이런 행동이 실패해도 나는 안전망이 있으니, '괜찮아'라는 생각을 하게 하여 성공에 대한 느낌을 덜 가지게 한다. 결국 실패로 이어질 가능성이 있다. 맘껏 성공에 대해 느끼는 시간을 가지는 것은 결국, 성공의 강력한 요소가 된다는 것을 말한다.

그동안 살아오면서 좋은 느낌을 가질 때 좋은 결과로 이어진 경험들이 많다. 이런 경험들은 느낌이 결과를 만든 것이라고 할 수 있겠다. 인위적이든, 그렇지 않든, 원하는 바에 대한 좋은 느낌을 갖는 것은 중요하다.

남편을 처음 만났을 때 이야기를 해 보고자 한다. 남편과의 인연은 아주 오래되었다. 내 나이 27살 때 만났다. 남편은 곰 같은 성격을 가진 사람이다. 곰이라면 최고의 장점으로는 듬직함이고 최고의 단점은 잔재미가 없다는 것이다. 한마디로 연예 상대로는 재미가 없었다. 그래도 고향이 같았기 때문에 여러 사람과 함께 어울려 자주 만났다. 남편은 나에게 호감을 느끼고 있었지만, 나는 결혼에 대해 별생각이 없었다. 나이도 아직 젊어, 그렇게 급한 상황도 아니었다. 그렇게, 우리는 직장이동을 통해서 만남도 뜸해졌다. 그러다가 10년 정도 시간이 지난 후에 다시 만나게 되었다. 10년이 지났지만, 변화가 없는 남편을 보고, '그래, 남편감으로는 그만하면 됐다.'라고 생각을 했다. 그러면서 결혼생활을 상상해보았다. 그래도 듬직하고 성실하게, 책임감 있게 살 사람이란 느낌이 왔다. 나의 그 느낌이 남편을 오늘 내 아이들의 아빠가 되게 하였다. 남편이 유머도 없고 재미도 없는 사람이지만, 결혼이란 단어와 연결하였을 때, 좋은 느낌이 들고 그 느낌대로 결혼까지 하게 되었다고 생각한다.

느낌이 답이다. 상상이 현실이다. 상상한 대로 살게 된다. '상상'에 대해서 이렇게 많이 강조하는데, 결국 상상은 느끼기 위해서 하는 것이다. 우리가 원하는 것을 현실에서 이루었을 때, 그 성공을 온몸으로 느끼면 행복해진다. 만약 책 출간이라면, 내가 쓴 책을 직접 만져보고, 냄새 맡고, 들여다보고……, 오 감각을 통해서 그 결과물을 느끼면서 기쁨을 맘껏 느낄 것이다. 내면에서 이런 과정을 먼저 거친다면, 내면의 표현물인 외면은 자연스럽게 드러나게 된다. 결국 생각이나, 상상은 이 느낌을 위해서 필요한 것이다. 그래서 내면으로 느낄 수 있는 것은 결국, 외면으로 생생히 느끼게 된다. 좋은 느낌을 인위적으로라도 만들어야 한다. 이 느낌을 만들어야 나의 목표와 꿈이 자연스럽게 달성된다. 내면으로 제대로 느낄 수 있고 그것을 반복해서 느낀다면, 성공한 사업가처럼 무엇이든지 자연스럽게 바라는 그것을 이루게 될 것이다.

책 쓰기 완성, 내 느낌으로 창조할 수 있다. 인연이 닿던 두 사람과 책 쓰기를 했다. 나의 경험과 노하우를 공유하고, 그 사람들은 그것을 바탕으로 자신의 삶을 풀어내기 위해 노력했다. 서로 좋은 운으로 좋은 결과가 일어나기를 바랬다. 하지만 열심히 했지만, 한 사람은 개인적인 일로 인해 주춤했다. 책 쓴다면 인생에 큰 변화의 가능성이 있는 사람인데, 잘 진행이 되지 않아 안타깝게 생각하고 있다. 책 쓰다 보면, 고비가 반드시 찾아온다. 나에게도 인생 첫 책을 쓸 때 고비들이 있었다. 아이들이 너무 어려서 글 쓸 시간을 내기가 어려웠다는 것이 가장 어려운 점이었다. 시간을 아껴 잠을 줄이는 수밖에 없었다. 잠이 중요한 나에게는 쉽지 않은 노력이었지만 사람이란 것이 정말 강하다. 마음 자세에 따라 힘든 것이 힘든 일이 아닐 수가 있다. 시련은 단순한 시련이 아니다. 새로운 계기라는 관점으로 시련을 받아들일 수 있다. 설사, 시련과 다양한 고비에 발목 잡혀 걸리고, 넘어지더라도 오뚝이처럼 다시 일어나야 한다. 여기에서 나는 강조하고 싶다. 작가로서의 느낌이 있는지? 만약 그렇지 않다면 당장 1꼭지 쓰기 위한 노력보다는 '나는 작가이다, 나는 내 인생 버킷 리스트인 책을 출간했다.'라는 느낌을 품길 권한다. 그런 느낌의 시간이 많을수록 고비를 더 잘 넘기고 결국, 세상에 나의 삶이 담긴 책을 더 빨리 출간하게 될 것이다.

"느낌과 상상은 우리 현실의 벽 너머에 있는 것을 감지하는 감각이다."

느낌과 상상으로 현실에서 책 쓰기도 무사히 완성한다. 현실에서 우리가 해야 할 일은 너무 많다. 엄마라면 더욱 짬 시간이 없다. 코로나19 사태 때, 학교는 원격수업으로 대체되었고 일주일에 한 번 정도로 학교에 갔다. 학교마다 상황은 다를 수 있다. 아이들에게 원격수업은 엄마들과 함께 공부하는 시간이다. 직장 다니는 엄마도 집에 있는 아이들이 걱정되어서 마음이 편치 않았을 것이고 집에 있는 엄마들도 아이들 공부 봐주랴 식사 챙기랴 쉽지 않았다. 그런 상황에서 책을 쓰고 있다면, 쓸수록 산 넘어 산이란 생각이 들었을 것이다. 현실 상황으로는 도저히 책을 쓸 수 없는 상황처럼 느껴진다. 그래도, 2번째 책 쓰기라면 한번 한 경험이 있기에 꾸준히 밀고 나갈 가능성이 있다. 하지만, 인생 첫 책 쓰기라면, 배워가면서 책을 써야 하기에 멘붕인 상태가 자주 찾아온다. 그럴수록, 상상과 느낌을 통해서 에너지를 얻어야 한다. 그렇게 책 쓰기는 무난히 달성될 수 있다.

느낌이 강렬할수록, 책 쓰기는 현실로 빨리 드러날 것이다. 하고 싶은 것이 있지만, 현실의 벽만 보인다면, 의욕이 떨어진다. 현실이 힘들다 하더라도 그것 너머에 내 책이 출간된 상황을 자꾸 생각하고, 상상하고 느껴야 한다. 그것이 힘든 상황이지만, 누가 뭐라고 이야기해도 꾸준히 밀고 나갈 힘을 얻는 비법이다. 매일 느끼자, 하루 여러 번 문득문득 생각해 보자. 느끼는 횟수가 많을수록 그 느낌은 더 강해진다. 현실과 미래의 갭을 채운다. 매일 쓰는 1꼭지 1꼭지가 책 출간을 앞당겨갈 것이다. 시선은 항상, 나의 목표인 책 출간에 두고 작가임을 맘껏 즐기면서 미리 제대로 느낀다면, 책 쓰기도 그리 어려운 일이 아니다.

성공한 사업가의 성공비결은 목표한 바를 이룬 자신의 모습을 평상시 자주 느끼는 것이었다. 느낌이 사업 성공 신화를 창조했다. 이것은 사업에만 해당하지 않는다. 모든 창조에서, 내 느낌이 중요함을 인지해야겠다. 책 쓰기, 어쩌면 불가능해 보이는 그것을 달성할 수 있는 비법으로도 사업가의 성공 비법을 활용해 보자. 생생히 상상하고 오감으로 느끼면서 그것이 곧 이루어진 것처럼 기뻐하고 행복해 하자. 이런 감정을 책 쓰는 내내, 출간하는 그날까지 반복하는 것이다. 반복한 느낌은 출간이란 꿈을 달성하게 할 것이다. 느낌이 없다면 창조가 어렵다는 것을 가슴에 새기자.

# 제5장
# 책 쓰기도 결국 의식이 답이다

# 저자 강연회 하는 모습을 상상해 보자

최근 시작한 운동이 '점핑'이다. 처음에는 정말 힘들었다. 가볍게 생각하고 점핑 장을 찾았다. 아이들 키즈 카페에 있는 팡팡 놀이로만 생각했다. 하지만 아니었다. 그것을 성인 운동으로 만든 그 누군가의 아이디어가 대단하다. 스크린 속에 나오는 강사의 액션을 따라 율동을 하는데 그야말로 땀이 비 오듯 한다. '점핑' 운동이 끝나고 아픈 다리를 주무르면서 잠시 앉아 쉬는 동안에도 땀이 흘러내린다. 나는 느낌으로 안다. 이 땀은 피부 표면에서 흘러나오는 땀이 아니라, 몸 깊은 곳에서 열과 함께 밀려 나오는 땀이란 것을. 몸 깊은 곳에서 나쁜 독을 뿜어내는 듯, 한참 동안 계속 흘러나오는 땀에 대한 쾌감이 있다. 흘러내리는 만큼 내부에 쌓여있던 노폐물들이 사라지는 느낌이다.

점점 땀 흘리는 점핑이 좋아진다. 점핑만 생각하면, 한 바가지, 두 바가지 쏟아내는 땀이 연상된다. 허벅지 근육이 강화되는 시간 동안은 힘들었지만, 이제는 조금 적응이 되었는지, 점핑하면 땀 흘리며 기분까지 상쾌해지는 나 자신의 모습이 상상된다. 그래서 더욱 점핑 장을 찾게 된다. 컨디션이 좋지 않을 때 오히려 땀 흘리면서 운동하며 풀고 싶고, 과식을 한 다음 날도 왠지 땀 흘려 축적된 지방 덩어리를 빼고 싶어진다. 아마도 두 가지 다 효과는 있을 것이다. 사우나에서 가만히 앉아서 땀을 흘리는 것과는 차원이 다를 것이다. 사실 정확한 차이는 모르겠지만, 확실히 내 몸을 움직여서 흘린 땀이기에 뭔가 다를 것이란 것은 직감적으로 알고 있다. 점핑하면 땀, 땀 하면 점핑, 이제 자동으로 연상되어, 매일 가고 싶어진다. 책 쓰기에도 이런 부분이 있다. 책 쓰고 출간하면 떠오르는 것, 그것을 연결해두면 책 쓰기에 대한 불씨가 짚여지고 속도가 붙는다.

초고를 쓸 때, 출간 후 내가 하고 싶은 것을 한 가지 정해 보자. 하고 싶은 한 가지가 책 쓰기에 힘을 실어준다. 출간하고 나면 변화되는 것이 많다. '책 출간'이란 것이 그렇다. 책이 있는 사람과 없는 사람의 차이. 세상에 대한 나의 입지는 분명 달라질 것이다. 엄청난 변화는 아니더라도 변화는 분명하게 있다. 나 자신부터 달라진다. 그리고 조금 다른 삶을 살게 된다. 한 권의 책이 마중물이 되어서 2번째 책을 기획

하는 자신을 발견하게 된다. 의식적이든 무의식적이든 이 작업을 하고 있다. 눈에 보이는 준비가 없더라도 마음으로는 이미 2번째 책을 준비하고 있는 것이다. 그러므로 생활에 변화가 일어난다. 시간의 소중함도 깊이 인식하게 된다. 시간이 지날수록 세상에 나올 소중한 나의 분신, 책들에 대해 생각하면서 비록 직장 생활과 엄마 역할로 몸은 피곤하더라도 움직인다. 조용히, 서서히 2번째 책을 향해, 삶을 변화시키면서 움직이는 것이다. 또한 외적으로도 변화가 일어난다. 그 누군가는 내 책으로 새로운 도전의 계기를 마련할 수 있다. 연락이 오는 사람도 있다. 긍정적인 어떤 것을 제의하는 사람도 있다. 내 주변에 이런 사람들이 많아진다. 이런 변화 중에서 특별히, 마음에 와닿는 한 가지를 미리 생각하면서 책을 쓴다면, 책 쓰기는 더욱 활기차고 힘있게 진행될 것이다.

출간 후 있을 수 있는 평범한 일은 저자 강연회이다. 물론 그냥 넘어갈 수도 있다. 생일날 모든 사람이 미역국을 먹고, 저녁에는 케잌에 촛불을 켜고 축하 식사를 하는 것은 아니다. 상황이 안 되면 조용히 넘어갈 수도 있다. 하지만 조금만 노력한다면, 저자 강연회는 얼마든지 진행할 수 있다. 생일파티가 그렇듯이 말이다. 인생 첫 책이라면 저자 강연회를 하기를 권하고 싶다. 저자 강연회를 통해서 스스로 작가로서 새로운 삶의 시작점으로 인식할 수 있다. 내 책을 들고 책에 있는 내용으로 강연을 한다고 생각해 보자. 그 자체만으로 가슴이 벅차오른다. 상상만 해도 마음이 설렌다. '하루라도 빨리 초고를 완성해야지.' 하는 각오가 생긴다. 저자 강연회를 상상하고 생생히 느끼는 것만으로 너무나 많은 감정의 변화가 휘몰아쳐 온다. 그 감정은 책 쓰기를 더욱 빠르게 완성할 수 있는 자극제가 된다.

저자 강연회라고 한다면 다양한 곳에서 할 수 있겠다. 대형 서점에서 유치하는 저자 강연회가 있다. 이곳에서는 특별히, 독자들에게 사랑과 관심을 받는 작가를 대상으로 주최한다. 내가 아는 작가도 연락을 받고 온라인 서점이 주최하는 저자 강연회를 했다고 한다. 대형 온라인 서점의 주최이다 보니, 인지도가 있어서 사람들이 많이 모인다. 이 저자 강연회를 통해서 자신의 책을 홍보할 수 있고 개인적 브랜드화도 가능하여 여러모로 좋은 기회가 될 것이다. 그렇다고 이 저자 강연회로 큰돈을 버는 것은 아니다. 계속 베스트셀러 작가로 자리매김하는 것은 더욱 아니다. 하나의 시작은 될 수 있지만, 작가로서 독자들 마음에 든든한 멘토로서 이미지 메이킹하는 것은 그 후 계속적은 노력의 영역이란 생각이 든다. 그래도 일단은 저자 강연회가 스스로에게나, 독자들에게 확실한 시작을 인지할 수 있도록 할 것이다.

가장 부담 없이 할 수 있는 저자 강연회는 독서 모임의 저자 강연회이다. 독서 모임은 생각보다 많다. 나의 경우, 출간하기 전에 독서 모임 활동은 거의 하지 않았다. 책을 본격적으로 읽기 시작한 2~3년 뒤에 책을 쓰기 시작해서 독서 모임에 참석할 여유가 없었다. 만약 독서 모임을 오랫동안 했다면, 책 쓰기는 조금 뒤로 미루지 않았을까 생각해 보기도 한다. 아이들도 어리고 너무 할 일이 많았기 때문이다. 하지만 지인의 소개로 나는 독서 모임에서 내 인생 첫 책 《하루 한 권 독서법》에 대한 저자 강연회를 하게 되었다.

저자 강연회 전에 나는 강연할 자료를 모으고 정리하면서 PPT 자료를 만들었다. 인생 첫 책이다 보니, 열정은 그 어떤 작가에 뒤지지 않았다. 출간한 지 얼마 되지 않았기에 책에 쓴 내용도 세세히 기억에 있는 상태였다. PPT만 만들면 특별히 연습 없어도 강연을 할 수 있다고 생각했다. 그래도 연습은 필수, 연습하면서 영상으로 찍었다. 책이 출간하고 나면, 나의 자식과 같은 느낌으로 출간한 책을 더 많은 사람이 읽을 수 있도록 노력하게 된다. 사실, 책을 쓰면서부터 해야 할 일이었다. 하지만 책을 쓸 때는 그것에만 집중해도 에너지가 부족하다고 생각했다. 지금은 그것이 조금 실수였다는 생각이 든다. 왜냐하면 책을 쓴 저자로서 독자와의 소통은 필요한 부분이라고 지금은 생각하기 때문이다. 또한, 홍보 효과도 있다. 작가라면 여러모로 SNS 활동을 하는 것이 좋다. 초고를 쓸 때부터 가볍게 SNS 활동은 시작하기를 권하고 싶다. 출간 후 갑자기 글을 올리는 것보다 그것이 더 자연스러운 모습이 되겠다. 저자 강연회 연습용 영상은 유튜브에 올려서 유튜브로도 나의 이야기와 책 출간에 대해서 알릴 수 있다.

저자 강연회는 작가로서 새로운 삶을 시작하는 시간이다. 저자 강연회는 나에게 남다른 마음이 들게 한다. 독서 모임에는 독서 이력이 나보다 훨씬 많은 사람이 대부분이다. 사실, 나는 나의 독서 시간만 본다면, 그 사람 앞에 설 수 없는 사람이다. 하지만 그렇게 서서 나의 독서 경험을 말할 수 있는 이유는 '독서법'에 대한 책을 썼기 때문이다. 그분들이 독서법 강연을 한다면 나보다 더 많은 독서 경험과 노하우를 풀어낼 수 있을 것이다. 죄송한 마음도 일부, 뿌듯한 마음도 일부, 책 출간의 위력을 느끼는 시간이었다. 작가로서 마음과 태도를 다시금 가다듬는 시간이 된다.

책 쓸 때, 저자 강연회에 대해서 상상해보기를 권한다. 출간 후 나는 어느 곳에서 저자 강연회를 할 것인지, 상상해 보자. 직장에서 저자 강연회를 하는 것도 상상해보면 어떨까? 직장 동료에게 책 한 권씩 전해주고 멋지게 저자 강연회 하는 것도 좋을 것이다. 평상시 일하는 직장이라서 오히려 조심스럽기도 하겠지만, 상황을 봐서 시도해도 좋을 것이다. 개인사업체를 운영한다면, 얼마든지 할 수 있다. 구체적으로 계획을 세워보자, 책 쓰면서, 머리가 지끈 지끈 아파져 올 때는, 출간 후 저자 강연회를 상상하는 것이다. 박수갈채를 받으면서 강연하는 자신의 모습, 조금 졸리거나, 지루할 것 같은 시점에 퀴즈도 내고, 퀴즈를 맞힌 사람들에게 기분 좋게 출간 책을 건네는 것도 상상해 보자. 마음속으로 생각하고 상상하며 미리 느끼는 저자 강연회는 초고 쓰기에 경주용 엔진을 장착하는 것과 같다. 초고 완성, 퇴고, 투고, 계약까지 빠르게 달성될 것이다.

# 나는 작가다, 사실로 받아들이고 믿어라

친정어머니로부터 언니의 태몽 이야기를 들었다. 윤기가 자르르 흐르는 풍성한 털을 가진 늑대 꿈을 어머니는 언니를 낳기 전 꾸었다고 했다. 그래서 어머님께서는 '보통 아이가 아닐 것이다.'라고 생각했다고 했다. 태몽 때문일까? 언니는 엄마의 기대에 부응하는 딸이 되었다. 중학교, 고등학교 때에는 공부를 특별나게 잘했다. 가정 형편상 학습지 하나 받아보지 못했지만, 언니의 성적은 전교생 중에서 탑의 자리를 유지했다. 고등학교에서도 언니를 서로 데리고 가려 했다. 고등학교에 가서도 역시 공부를 잘했고, 집에서는 착한 딸로 자랐다. 간호대학을 입학해서도 공부는 여전히 우수했고 졸업하자마자 서울에 있는 대학병원에 취직하여 든든한 맏딸의 역할을 했다.

아마도 엄마의 기대치가 언니를 키운 것도 있지 않을까? 생각한다. 엄마는 수시로 언니의 태몽 이야기를 했다. 털이 '북실거리고 윤기가 흐르는' 그 늑대가 아직도 선명하다고. '아마도 훌륭한 일을 하게 될 것이다.'라는 엄마의 기대와 염원을 마지막에는 담아 이야기하셨다. 언니도 역시 엄마의 이 이야기를 들었을 것이고, 그것을 들으면서 생각했을지 모른다.

'엄마의 기대에 부응하는 멋진 딸이 되어야겠다.'

아마도 그러지 않았을까? 생각해 본다. 누군가는 태몽 없이 태어나기도 한다. 태몽이 그 사람의 운명을 결정하는 일이라고 말할 수는 없다. 하지만, 멋진 태몽이 있다는 것을 안다면 기분 좋은 일일 것이며, 그것의 영향을 받는다. 특히, 엄마가 기대에 찬 태몽을 자주 말한다면, 그것으로 인해 더욱 멋진 삶을 각오했을 것이다. 누군가가 어떤 기대를 나에게 절실히 한다면 그것은 나의 미래에 어떤 긍정적인 영향을 줄 것이다.

《하루 한 권 독서법》을 쓸 때, 나는 작가로 불렸다. 사실은 그 당시 작가가 아니었다. 《하루 한 권 독서법》은 나의 인생 첫 책이다. 인생 첫 책을 쓸 때면 아직 작가가 되기 전이다. 하지만 곧 작가가 될 것이기 때문에 작가로 불렸다. 예비 작가도 아니고 '작가님'이라고 불린 것이다. 처음에는 이상했다. 작가가 되기 위해 책을 쓰는 중이었지만, 나는 작가가 될 것을 사실로 받아들이지 못하고 있었다.

'나는 아직 작가가 아닌데, 작가로 불리는 것은 뭔가 과장하는 것 같다.'

라고 생각했다. 너무 솔직한 성격 탓일까? 작가가 아닌데, 작가라고 부르는 것에 대해 감정이 불편했었다. 하지만 아니었다. 작가로 불렸기 때문에 나는 작가라는 자아상을 가지게 되었고 결국 작가가 될 수 있었다. 그 영향을 무시할 수 없다. 자신을 어떻게 정의하느냐에 따라 알게 모르게 영향을 받는다고 생각한다. 네빌 고다드는 세상을 사는 이유가 자기 자신에 대한 관념을 가장 이상적인 것으로 높이기 위해서라고 했다. 사람들은 자신을 약한 존재로 생각하는 경향이 있다. 책을 쓸 때도 자신은 도저히 책이란 것을 쓸 수 없다고 생각한다. 자신을 하찮은 존재로 생각해서는 안 된다. 생각대로 하찮은 존재가 될 가능성이 크다. 자기가 되고 싶은 대로 자신을 생각해야 한다. 작가가 되고 싶다면 '작가'라고 당당히 생각해야 작가가 되는 것이다.

지금 작가라고 믿어버리는 것이다. 작가는 자신이 조만간 될 상태이다. '나 같은 사람이 감히, 작가가 돼?'라고 의심할 필요 없다. 의심은 계속 의심을 생산한다. 현재를 변화시키는 것은 의심이 아니라 믿음이다. 그래서 스스로 작가라 믿어버리고 책 쓰기도 시작하고, 원고도 쓰는 것이다. 내 생각에 따라 그 성취율은 천지 차이가 난다. 나는 매일 1꼭지 쓰기를 하고 있다. 1꼭지를 쓰면서 데드라인 시간을 정한다. 1시간에 1꼭지 쓰기를 매일 도전하고 있다. 처음에는 아예 도전도

하지 않았다. '1시간에 1꼭지 쓰기 불가능.'이라고 못을 박은 것이다. 한계를 그어놓은 대로 1시간에 1꼭지 글쓰기는 시도하지 않는 불가능한 것이 되었다. 생각을 바꾸어 보기로 했다. 돈 드는 것도 아니고 남한테 피해를 주는 것도 아닌데 왜 바꾸지 않겠는가? '1시간에 1꼭지 쓰기 가능하다.'란 목표로 써보고 시도하니, 되었다. 어떤 꼭지 글은 45분 만에 완성했다. 내가 된다는 가능성을 가지고, 나는 할 수 있다는 나 스스로 관념을 바꾸고 시도를 한 것들은 점점 현실로 드러나게 된다는 것을 알게 되었다. 지금은 아니지만 이제 곧 작가가 될 사람은 미리 자신을 작가로 생각하고 믿어버리는 것이 중요하다.

그래도 여전히 자신을 작가로 여기는 것이 마음에 내키지 않는다면 다음의 방법을 사용해 보길 권한다. 우선은 남한테 자신을 작가로 불러달라고 하는 것이다. 사실 사촌이 땅을 사면 배가 아픈 것이 사람의 마음이다. 그래서 그래도 내 편인 가족한테 부탁하는 것이다. 가족한테도 부끄러울 수 있겠지만, 그냥 재미로 해 보는 것이다.

"자, 얘들아, 엄마가 이제 작가가 될 거야. 그래서 미리 작가 엄마라고 불러줘라."

"자기야, 이제부터 나를 '나 작가'로 불러줘."

그렇게 말하면서 약간의 뇌물 공세도 해 보자. 맛난 갈비찜을 만들어 저녁상을 차려 작가로 불러달라고 요청하는 것이다. 안 들어 줄 가족이 없을 것이다. 가족들도 엄마를, 아내를 작가로 부르려니, 어색하겠지만, 그래도 가족인데, 작가라고 부를 것이다. 사실, 처음이 힘들지, 여러 번 부르다 보면 좋아진다. 함께 책 쓰는 동기가 있다면, 당연, 상호 '작가'라는 호칭으로 작가 자아상을 정립하는데, 서로 도움을 주고받아야 한다.

그리고 가장 중요한 것은 스스로 자신에 대한 호칭이다. 남들이 무엇이라 부르는 것이 중요하듯이, 자기가 자신을 어떻게 생각하고 어떻게 부르는지 중요하다. 자신에게 '정 작가', '배 작가'라고 불러보자. 남들이 불러주기만을 바라지 말고, 스스로 '작가'라고 부르자. 그렇다면, 마음에 변화가 찾아오는 것을 느낄 것이다. 시간이 지나면 점점 '작가'라는 것에 익숙해질 것이다. 마음에서 자신을 '작가'로 받아들인다면 이제 현실로 나타나기는 쉬워진다. 마음에서 받아들인 나의 상태, '작가'라는 내 상태가 곧 현실이 되는 것이다. 이것에 대한 객관적인 근거도 있다. 자신이 '작가'라고 믿어버리는 그 생각들이 잠재의식으로 들어가게 되고 잠재의식이 발동하여 그것을 현실로 만든다. 잠재의식에 관련된 책을 읽었던 사람은 알겠지만, 잠재의식에 관한 공통적인 내용은 잠재의식은 우리가 잠을 자는 동안에도 작동한다는 것이다. 그리고 그것이 현실로 드러나도록 잠재의식은 주변의 모든 것들을 끌어들인다는 사실이다. 사람도, 상황도, 잠재의식에 담긴 그것이 현실이 되게 만든다는 것, 그래서 결국 현실로 드러나게 한다는 것이다. 잠재의식에 '작가'라는 나의 자아상이 깊이 박히도록 수시로 자신을 불러야 할 이유이다.

"나는 작가다."라고 믿었다. 그 믿음대로 실제 작가가 된다. 이것을 실험해 보고 싶으면 책 쓰기 시작해 보고 스스로 주문을 걸어보자. 초고를 쓰는 중에도 이 믿음을 유지해 보자. 그냥 초고 쓰는 데만 집중하는 것보다 스스로 '작가' 의식을 가지고 쓰면 초고 완성 속도를 높일 수 있다. 작가가 책을 쓰는 것은 너무나 당연하기에 자신의 책 쓰기가 쉽게 느껴져 술술 초고 완성하게 된다. 경험으로 봤을 때 책 쓸 때는 주위의 사람으로부터 먼저 '작가'란 호칭을 들으면서 쓸 수 있는 환경을 조성하는 것이 좋다. '작가' 호칭을 자주 들을수록 더 좋다. 주변 사람으로부터 그렇게 되는 것이 힘들다면, 스스로 자기에게 '작가'라고 하루에 10번씩 부르자. 오매불망, '작가'라는 것, 내가 미리 불러주는 것이다. 기분도 좋아지고, 느낌도 좋아, 정말 '작가'가 되고 싶다는 열망이 더욱 커진다. 그리고 글도 잘 써진다. 여러모로 '작가'라고 호명되고, 믿어버리는 것은 책 쓰는 사람에게 이득이다. 어렵게만 여겨졌던 '작가'가 실제 자신의 삶이 될 것이다.

# 작가처럼 행동해라

간절히 되기를 바라는 것이 있다면, 그것이 이미 되었다고 상상해 보자. 상상만으로도 마음과 행동이 달라지고 결과까지 완전히 변화한다.

어릴 때, 소꿉놀이하면서 "너는 아빠, 나는 엄마"라며 역할 놀이했던 것이 기억난다. 엄마 역할을 했던 나는 흙으로 밥을 짓고 호박 줄기로 나물 반찬을 만들었다. 기타, 다른 여러 종류의 풀을 뜯어다가 겉절이를 만들었다. 아빠 역할을 했던 친구에게 나는 잔소리도 했다. "일찍 들어오세요, 술은 조금만 마시세요, 뭣 때문에 이렇게 늦었나요?" 라면서 실제 아내처럼 말했다. 아내라는 상상, 엄마라는 상상. 그것만으로 실제 그 사람이 되어 감정도 행동도 달라졌다. 시간 가는 줄 모르고, 역할 놀이에 빠져서 그 놀이가 얼마나 재미있었던지 아직도 생생하다.

아이 때만 그런 역할 놀이가 필요한 것이 아니다. 무엇인가가 간절히 되기를 바라는 사람이라면 이런 놀이가 필요하다. 역할 놀이하듯이 이미 된 듯이 행동하다 보면 한층 빠르게 실제 그 역할을 하는 인물이 된다. 작가가 되고 싶다면, 미리 작가처럼 행동해 봐야겠다. 마음도 몸도 변화하게 될 것이다. 우선, 작가는 어떤 생활과 행동들을 하는지 상상해 보자.

2018년 4월에 인생 첫 책을 출간한 나는 많은 변화를 겪었다. 작가로서 완전히 다른 삶을 살고 있다. 첫 책을 출간하고 난 뒤의 변화들이다. 물론 평생 1권의 책만 낸 사람도 있지만, 그것은 표면적인 모습일 것이다. 그 사람도 앞으로 책은 계속 낼 가능성이 크다. 남편 같은 경우, 1권의 책을 냈다. 그것이 2014년인데, 아직 2번째 책을 내지 않고 있다. 남편은 첫 책인 《임진왜란과 이순신, 그 숨겨진 이야기》와 같은 주제로 2번째 책도 내기를 바라고 있어 자료 수집에 시간 투자를 많이 한다. 그래서 외관상 책 1권으로 끝낸 사람처럼 보이지만 사실은 아직도 '이순신 장군'에 대한 자료를 찾는 중인 듯 보인다. 남편이 자료 찾기에 열을 내는 사이 나는 현재까지 9권의 책을 써냈다. 한 해에 3권을 한꺼번에 출간한 때도 있었다. 이렇게 한꺼번에 출간할 수 있었던 이유는 매일 썼기 때문일 것이다. 남편과 달리, 내 경험과 생각들을 매일 썼기 때문에 여러 권을 출간할 수 있었다.

현재 작가로서의 내 삶을 크게 몇 가지로 구분해서 적어보자면 다음과 같다.


첫째, 하루 중 가장 중요한 일을 1꼭지 쓰기로 정했다.

매일 꾸준히 쓰는 것이 최고이다. 그러기 위해 정한 룰이 바로 1일 1꼭지 쓰기이다. "무슨 일이 있더라도 1일 1꼭지 쓰기를 사수한다."라고 각오했다. 9권의 저서를 출간했다고 하더라도 쓰기 연습은 계속하고 있다. 책 출간이 목적이 아니라 힘들이지 않고 술술 책 쓰는 수준에 도달하는 것을 목적으로 한다. 매일 쓰지 않으면, 어제보다 더 좋아지지 않는다. 어제보다 더 좋아지지 않으면 정체되는 것이고 정체되는 것은 곧 후퇴를 의미한다. 그래서 1일 1꼭지 쓰기를 원칙으로 그것을 위해 행동하고 있다.


둘째, 하루 3꼭지씩 퇴고를 한다.

매일 꼭지 글을 쓰는 만큼 완성된 초고는 늘어난다. 그래서 퇴고하는 규칙으로 매일 3개의 꼭지 글을 퇴고한다고 정했다. 꼭지 글 3개씩 퇴고하면, 10일이면 30꼭지 퇴고하게 되고 만약 36꼭지라면 12일이 지나면 초고 하나의 퇴고를 마치게 된다. 그렇게 퇴고를 마치고 투고할 수 있게 된다.

셋째, 초고 쓰기 마지막 장을 쓰기 시작하면 새로운 목차를 구상한다.

매일 쓰기 위해 목차가 필요하다. 목차완성은 전체 책 쓰기의 50% 이상에 해당한다고 할 만큼 1권의 책을 써내는데 중요한 영역이다. 어떤 작가는 목차기획만 지도하기도 한다. 목차기획만 도움 받고 초고 쓰기를 시작하는 사람도 있다. 그렇게 하는 것만으로도, 책 쓰기는 훨씬 수월해진다. 사실 목차를 제대로 못 만든다면 초고 쓰기가 어려워지기 때문에 목차는 항상 가지고 있는 것이 좋다. 그래서 나는 마지막 장인 5장을 쓰기 시작하면서 새로운 목차를 구상한다. 초고 쓰기 완성하면, 바로 이어서 새로운 제목의 꼭지 글쓰기를 시작할 수 있다. 작가들에게 있어서 목차는 곳간의 쌀이라고 말하고 싶다. 곳간에 쌀 떨어지면 불안하듯이, 목차가 없으면, 불안해져야 한다. 작가라면, 그래야 진짜 작가이다.


넷째, 책은 수시로 본다.

책이 책 쓰기의 재료이다. 내가 모르는 주제라도 얼마든지 책을 읽고 배워서 책을 쓸 수 있다. 공부해서 써도 멋진 책이 될 수 있는 것이다. 자신의 경험과 노하우로 쓰기도 하지만 공부해서 쓰는 책도 그만한 가치가 있다. 자신의 경험과 노하우를 쓰더라도 다른 사람이 쓴 책의 도움을 받아 아이디어를 얻기도 하고, 유용한 자료를 각색해서 사용하기도 한다. 책 쓰기가 음식 만들기에 비유하자면, 책은 음식 재료에 해당한다. 그래서 책을 쓸 때는 수시로 읽어야 한다. 온라인 서점도 자주 검색해 보고 관심 있는 책을 발견하면 읽고 공부한다. 공부해서 알고 깨닫게 된 것은 또 다른 책 쓰기의 출발이 된다.

다섯째, SNS 활동을 통해서 읽고 쓴다.

작가도 자신의 책에 대해 직접적인 책임을 지는 시대이다. 책을 세상에 내놓고, "나 몰라라." 하는 작가는 없다. "출판사가 알아서 하겠지."라고 생각하는 시대는 지났다. 그래서 직접, SNS에 출간한 자신의 책을 소개하기도 하고, 때론 좋은 독서 후 감상 글을 올리기도 한다. 그렇게 인지도를 넓혀 누군가로부터 책 쓰기 지도에 대한 러브 콜을 받기도 한다. 코로나19 확산으로 인해 독자들과 온라인 접촉은 더욱 일반화되었다. 앞으로 세계는 점점 더 온라인 만남이 대세가 된다. 꾸준히 SNS 활동도 하면서 책 쓰기를 하는 것이 필요하다. 이제는 작가와 SNS 활동 사이의 관계는 동전의 양면과 같이 밀접하다. SNS 활동하면서 책을 쓰는 것이 자연스럽게 되었다.

작가가 되면서 나는 작가가 되기 전의 삶과 확연히 다른 삶을 살고 있다. 변화된 삶만큼 가장 변화된 나의 행동이라면 2가지라고 할수 있다. 1일 1꼭지 쓰기와 SNS 활동이다. 매일 쓰면서 쓰는 것에 대한 아이디어와 노하우를 더 많이 얻는다. 1꼭지, A4 2장 반일 경우, 서론-본론-결론을 어떤 비율로 배치해야 하며 사례와 메시지를 어떻게 채워나가야 하는지, 많은 경험과 방식들을 발견하게 된다. 글쓰기도 책 쓰기도 특별한 방법이 없다. 무조건 쓰면서 조금씩 실력을 쌓아가는 것이다. 이론으로 터득했더라도 손가락으로, 몸으로 다시 익히지 않으면 쓰기 어렵다. 직접 쓰지 않으면 1꼭지 쓰는 일이 명확하지 않고 개운한 느낌을 계속 가질 수 없다. 쓰고도 자꾸 돌아보게 된다. 이것이 익숙해지고 쉬워지며, 만만해지는 방법은 무조건 쓰는 것인데, 작가처럼 매일 씀으로써 가능해진다.

작가가 되면서 가장 크게 변한 것이 SNS 활동이 일상이 되었다는 것이다. SNS 활동을 통해서도 글 쓰는 연습을 한다. 나는 매일 SNS 활동을 한다. SNS에 글을 쓰기 전, 먼저 읽는다. 읽는 내용을 바탕으로 내가 명상한 것을 SNS에 글로 쓴다. 이것은 이제 너무나 자연스러워졌다. 현재 나는 네빌 고다드의 책들을 읽고 매일 인스타그램에 글을 올리고 있다. 그 글을 사람들이 생각 외로 좋아한다. 의식을 다룬 내용이고 의식에 관한 글이기에 공감하는 듯하다. 왜 이런 세계를 출간 전에는 알지 못했을까? 생각하며 만족감을 얻는다. 나로 인해 누군가가 동기부여 받는다는 것, 세상에 조금이라도 이득을 보탠다는 것, 신나면서 행복한 일이다. 작가라면, SNS 활동으로 글로써 사회에 받은 것을 돌려주는 행동을 해야겠다. 인생 첫 책 쓰기를 할 때부터 이 두

활동을 시작하길 권한다.

작가처럼 행동하자. 이제 작가가 될 사람이니, 미리 그렇게 행동함으로써 작가 되는 시기를 앞당길 수 있다. 되고 싶은 모습을 멀리 있는 이상으로만 생각하지 말자. 이미 되었다고 생각하자. 그런 의식에서부터 시작하는 것이다. 어릴 때 엄마, 아빠, 역할극 할 때, 실제인 듯 행동하였듯이, 인생 첫 출간을 위해, 작가처럼 시작하고 작가처럼 1일 1꼭지 쓰고, SNS 활동도 꾸준히 하는 것이다. 1일 1꼭지 쓰기는 인생 첫 책을 쓰는 사람이 작가에게 배워야 할 가장 중요한 부분이다. 왜냐하면, 매일 쓰는 것만이 어색한 1꼭지 글쓰기를 더 쉽게 하는 비법이기 때문이다. 쓰지 않고, 실력이 향상되는 예는 없다. 작가처럼, 매일 쓰면서 인생 첫 책을 빠르게 완성할 수 있다. 또한, 작가가 되면 필수로 해야 하는 것 1순위인 SNS 활동도 시작함으로써 미리 시간을 벌어두는 것이다. 출간 후, 갑자기 시작하는 것보다, SNS 개설하고 초고를 쓸 때, 일주일에 한 개씩이라도 글을 올리면서 자신의 존재를 알리는 것이다. 그래야 자신의 책도 사람들이 관심을 가지게 된다. 이제, 작가처럼 해 보자. 작가처럼 행동한다면, 버킷리스트인 당신의 출간은, 더욱 쉽고 빠르게 달성될 것이다.

# 책 쓰기 달성될 때까지 믿음을 유지해라

소망은 간절함을 먹고 달성된다. 책 쓰기를 오랜 기간, 원한 사람이라면 누구나 간절함을 가지고 있다. 하지만 쓰는 중간에 힘든 일들이 생기면 그 의지가 꺾인다. 책 쓰기를 완성하겠다는 의지가 줄어들수록 출간은 이루어지기 어려워진다. '출간은 곧 이루어진다. 나의 책 쓰기는 완성된다.'고 스스로 굳건히 믿는 가운데, 그것은 현실로 드러나게 되는 것이다. 믿음 없이 현실로 되는 소망은 없다.

친정어머님은 올해 88세이다. 연세에 비해 건강하신 편이다. 혈압이 높아 항고혈압제를 매일 드시고 있지만, 그 외 성인병은 없다. 10년 전, 무릎 관절 수술을 하셨고 지금은 매일 운동하시면서 걷는 것도 무리가 없으시다. 다만 한 가지, 신경이 좀 예민하시다는 점이 있다. 젊었을 때부터 속병을 앓은 시간이 길게 있었다. 생전 외할머니 말씀으로 어머님이 젊었을 때, 집안에 도둑이 들어와 놀랜 이후, 마음이 약해졌다고 하신다. 이런 어머니에게 이번 코로나19 사태는 악영향을 끼쳤다. 연일 뉴스에서 터져 나오는 코로나 관련 사망사건이 어머님의 마음을 흔들어 놓았다. 그래서 온종일 창문을 닫고 두문불출하셨다고 한다. 뉴스를 볼 때마다 불안해지고, 급기야, 식사도 제대로 못 하시게 되었다. 하루는 언니가 전화해 보니, 엄마 목소리가 불안하게 들렸고 옛날 속병이 심할 때의 그런 분위기가 느껴졌다고 한다. 그래서 언니는 바로 김천 집을 찾아 어머니를 모시고 서울로 모시고 올라갔다.

언니는 주중에는 제주도 농장 집에서 머무르고, 주말에는 볼일을 보러 서울에 올라온다. 언니도 간호사 출신으로 병원에서 오랫동안 근무를 했다. 얼마 전, 정년퇴직하고, 역시 정년퇴직을 한 형부와 함께 평일은 제주도 집에 있다. 언니는 어머니를, 코로나 감염 대비 철두철미 완전 방어태세로 제주도로 모시고 가셨다. 제주도는 넓은 마당에 귤나무도 있고, 텃밭도 있어서 친정어머니는 그나마 숨통이 틔었다고 하신다. 운동도 살살 하시면서 텃밭에서 풀도 뽑고, 햇볕도 쐬고, 식사도 여럿이 같이하니 속병은 진정되고 다시 건강해지셨다.

맏딸은 맏이로서 해야 할 역할에 충실하다. 맏딸은 역시 뭔가 달라도 다르다고 생각했다. 집안에 무슨 일이 있으면, 언니가 나서서 해결하는 경우가 많다. 밑에 장남인 아들이 있지만, 언니가 먼저 앞장선다. 특히 연세 많으신 친정어머니에 관련된 일이라면, 언니는 두말없이 묵묵히 어머니를 챙기신다. 어릴 때부터 어머니는 언니를 믿어왔다. 항상 맏딸로서 예우해주었다. 그래서 나는 "언니처럼 맏이로 다시 태어나고 싶어."라고 철부지 때 말하곤 했다. 어머니의 맏딸에 기대와 믿음이 있어서 언니는 지금도 집안의 대소사에 관여하면서 든든한 맏이의 역할을 하는 것 같다. 친정어머니의 맏딸에 대한 믿음은 계속 유지되고 있다. 언니는 그 믿음대로 든든한 역할을 해내고 있다. 믿음이 강력한 에너지를 발휘한다.

초고를 끝까지 써내는 사람은 어떤 사람일까?, 많은 사람이 인생 책 한 권 써내는 것을 버킷리스트라고 한다. 하지만 대부분 사람은 버킷리스트로만 계속 가지고 있다. 도전하지 않는다. 이유도 다양하고 많다. 사실 현실적인 것들을 해결하고 남는 시간에 책 쓰기를 하려고 하니, 시작이 어렵다. 그래도 현실의 어려움을 극복하고 시작하는 사람이 있다. 시작하는 것만도 대단한 일이다. 하지만, 시작으로 끝나는 안타까운 상황이 또한 벌어진다. 내가 인생 첫 책을 쓸 때 함께 책을 쓴 사람은 대략 19명 정도 된다. 그중에서 지극히 일부의 사람만이 책을 출간했다. 일부는 초고를 완성하지 못했다. 누구는 초고를 완성하고 누구는 초고를 완성하지 못한다. 그 이유 중 하나가 바로 자신에 대한 믿음이다. 스스로 자신을 믿고, 꾸준히 밀고 나가는 뒷심이 필요했는데……. 아쉽게도 믿음이란 뒷심을 놓치고 초고 완성에 실패하게 되었고 결국 출간하지 못했다.

책 쓰기 시작, 그때의 열망과 의지, 믿음을 꾸준히 유지하는 것이 중요하다. 잠깐 반짝하는 열정으로 끝내면 안 된다. 책 한 권 써내는 것을 해도 그만, 안 해도 그만인 일로 가볍게 생각할 것은 아니다. 진정한 인생 혁명을 이루고 싶다면 책 쓰기를 해야 한다고 나는 강조하고 싶다. 읽기만 해서도 안 된다. '읽지도 않는 사람이 많으니까, 나는 읽으니 남들보다는 다른 사람이야.'라고 위안해서는 안 된다. 책을 써보니, 읽기만 하는 사람이 안타까워진다. 나도 그렇게 지낸 시간이 있었다. 차례대로 이루리라 스스로 합리화하지만, 사실, 결단이 없으면 계속 읽기만 하게 된다. 책 읽는 시간의 반을 활용해서 그 시간은 책 쓰는 시간으로 만들어야 한다. 책을 써야 더 잘 읽게 되고 진정, 나의 인생을 어떻게 살아야 할지의 감을 잡게 된다. 책 쓰기만 했을 뿐인데, 나의 삶을 어떻게 살지, 인생 그림을 그릴 수 있게 된다는 것이다. 진리는 역시 통하기 때문인 듯하다.

책 쓰기 달성에 믿음을 유지해야 책 쓰기를 완성할 수 있다. 책 쓰기 달성이라면 우선 초고 완성부터 해야 한다. 그리고 퇴고를 하고 투고해서 계약되면 시간만 지나면 책은 출간된다. 초고 완성이 가장 큰 관문이라고도 할 수 있는데 초고 완성은 물론, 다른 과정에서도 꼭 유지해야 할 마음가짐이 책 출간에 대해 흔들리지 않는 확신이다. 스스로 믿는 것, 확실히 믿는 것, 그 확신이 출간할 때까지 유지하는 것이 중요하다. 책 쓰기 전 과정에서 반드시 함께해야 할 믿음, 그 믿음을 유지하는 방법으로는 다음과 같은 것이 있겠다.

첫째, 처음의 열망을 잊지 말자.

책 쓰기에 대한 열망이 책 쓰기 시작하게 했다. 시작이란 관문을 통과하기에 그 열망은 충분했지만, 책 쓰기 완성해서 끝내기 위해서는 그 열망을 계속 유지하는 것이 중요하다. 열망과 믿음을 함께 유지함으로 책 쓰기는 달성하게 되는 것이다. 나는 책 쓰기 무난히 완성할 것이란 믿음으로 초고를 쓰자. 초고 쓸 때 많은 어려움이 발생한다. 도저히 초고를 쓸 수 없는 상황도 생긴다. 그런 상황에서는 잠시 쉬었다가 다시 써도 좋지만, 결코 쓰기의 감을 잃지 않도록 다시 시작해야 한다. 너무 오랫동안은 쉬어서는 안 된다. 나름의 방법을 찾아 무난히 초고 완성하고 책 쓰기 완성까지 갈 수 있도록 열망과 믿음을 유지하도록 한다.

둘째, 책 쓰기 달성하고 내가 경험할 일들을 미리 마음속으로 그린다.

책 쓰기 달성, 곧 출간하면 내가 경험할 멋진 일들을 상상해 보자. 미리 상상하는 것은 현재 하는 책 쓰기에 강력한 동기부여가 된다. 나의 마음에 부정적인 것이 들어서지 않도록 책 쓰기 성공 후의 일들도 가득 채우자. 예를 들면, 책 출간 후, 사인해서 소중한 가족과 친지에게 나의 책을 선물하는 것을 상상해 보는 것이다. 아니면, 아이들에게 소중한 내 인생 첫 책을 선물하는 장면을 상상할 수도 있다. 책 출간하고 가장 하고 싶은 일을 정해서 상상해 보자. 오매불망, 내가 원한 책 출간이다. 미리 상상하고, 최고 쓸 때도 즐겁고 행복한 마음으로 쓰는 것이다.

셋째, 마음속으로 그린 그것을 생생히 느껴보자.

초고 쓸 때부터 출간 후 내가 경험할 일을 상상하라고 했다. 그런 다음, 구체적으로 상상하면서 구체적으로 오감을 통해서 느껴보자. 만약 나의 책을 바탕으로 저자 강연회를 한다고 상상했다면, 저자 강연 회장소에 사람이 몇 명쯤 모였는지까지 가늠하면서 상상하는 것이다. 많은 인원을 상상하고, 미리 그 기분을 느껴보자. 많은 사람이 강연하는 나의 얼굴을 쳐다보는 것을 긴장된 마음으로 느껴보자. 실제인 듯 생생히 느껴보는 것이다. 설레기도 하고 긴장되기도 한 그 마음이 느낄 수 있다. 이렇게 느끼고 초고를 쓴다면, 하루라도 빨리 완성하고 싶을 것이다. 반드시 완성된다는 믿음이 생긴다.

책 쓰기에 대한 믿음, 이것을 꾸준히 유지하는 것이 필요하다. 처음에는 열정을 가지고 책 쓰기 시작한다. 하지만, 호락호락하지 않게 느껴진다. 그래서 좌절감을 경험하고, 그냥 그만두고 싶은 마음도 생긴다. 거기에다가 집안에 특별한 일까지 터진다면, 마음속으로 자신을 합리화하게 된다. '책 쓰기 나는 완성하려 했으나, 환경이 따라주지 않아 다음을 기약한다.'라며 포기한다. 이렇게 한다면, 다음에도 똑같은 상황이 반복되어 책 쓰기는 영원히 포기하게 될지 모른다. 우선 책 쓰기 달성에 대한 믿음을 가져야 한다. '처음 하는 일이 다 그렇듯이, 책 쓰기도 안 해본 것이니 어려울 수 있다, 어떤 유혹이나 변수가 찾아오더라도 끝까지 가보는 거야.' 나는 할 수 있다고 스스로 믿는 것이다. 이런 믿음이 책 쓰기를 무난히 달성하게 한다. 책 쓰기 완성, 믿음으로 처음부터 끝까지 밀고 나가자.

## 믿음을 유지하면 출간한다

목표를 세우고 그 목표 달성에 대한 믿음을 유지한다면, 못 할 일이 없다. 사람의 역량은 무한대이다. 원하는 것, 목표하는 것이 있을 때, 그것을 간단히 메모하면서 매일 하루를 시작한다면, 그 목표를 달성하는 성과를 매일 얻을 수 있다. 하지만, 스스로 한계를 둔다면 자신의 역량을 최대한 발휘하지 못한다. 무엇이든 된다는 믿음으로 일에 뛰어들면, 어떤 어려움이 찾아온다고 하더라도, 믿음대로 그 목표 달성이 현실이 되는 것을 막을 수는 없다. 믿음으로 목표 달성은 결국 이루어지는 것이다.

대형 상점을 찾았다. 아이는 서점 코너에서 퍼즐 상자를 발견했다. 처음에는 작은 것을 고르더니, 더 크고 호기심이 가는 그림이 있는 퍼즐 상자를 골랐다. 요즘 유행하는 카카오톡의 마스코트가 자전거를 타고 다리를 건너는 그림이다. 아이는 그것을 보자마자, 자신은 이것을 꼭 맞추고 싶다고 이야기했다. 이 나이 때는 다 그런지 모르겠지만 둘째는 자신이 원하는 것이 분명하다. 그런데, 문제는 그 퍼즐 상자에 적혀있는 조각의 개수가 1,000개를 넘는다는 것이다. 정확히 1,014개의 조각이다. 1,014개이면 아주 많은 숫자임이 틀림없다. 그런데 상자에 적혀있는 가능 연령대를 확인해 보니, '5세 이상'이라고 적혀있다. '5세 이상이라고? 둘째는 10살이니, 매우 가능하다는 이야기인가?' 긴가민가하면서 구매했다.

집에 와서 그 퍼즐을 개봉해 보니 퍼즐 조각이 너무나 많았다. 아뿔싸, 둘째가 맞추기에는 너무 많은 숫자구나, 라고 후회해도 이미 일은 벌어졌다. 이것도 다 내 일이 되겠구나, 시간을 되돌리고 싶어졌다. 할 수 없이, 나는 거실 책꽂이 앞, 최대한 생활에 방해가 되지 않도록 퍼즐 밑그림을 바닥에 깔았다. 밑그림조차도 크다. 그 크기 51cm*73.5cm이다. 거실 한쪽에 밑그림을 깐 이유는 이것이 하루 이틀 만에 다 맞출 수 없다는 전제하에서 단단히 각오하고 밑그림부터 위치 잡았고 구매 기념으로 테두리 퍼즐 조각을 골라내고 테두리부터 세팅했다. 테두리는 신나게 맞춘다. 왜냐하면, 퍼즐 테두리 조각은 한쪽이 깨끗하게 잘려있어, 맞추기가 그나마 쉽다. 그리고 다음으로 쉬운 조각이 여러 색깔이 섞여 있는 퍼즐 조각, 그리고 가장 맞추기 어려운 조각이 하나의 색깔로만 되어 있는 것이다. 가장 쉬운 테두리 조각부터 만들어 놓고 그다음 날부터 본격적으로 맞추기 시작했다. 하지만 시간이 지날수록 줄지 않는 퍼즐 양과 채워지지 않는 그림 위 퍼즐을 보면서 점점 퍼즐 맞추는 일은 뒤로 미루어졌다. 그냥 거실 위에 항상 그 모양으로, 변화가 전혀 없는 퍼즐 진도 상황에 익숙해갔다.

시간이 지나면서 이제 완성해야겠다고 생각하게 되었다. 퍼즐 언제 치울 거냐고 남편의 잔소리가 시작되었다. 나이가 들면서 남자들의 잔소리가 늘어난다고 하더니 역시 입에 거미줄 여러 개 쳐져 있을 것 같은 평상시의 남편 입에서 잔소리가 흘러나온다. 그 대상이 거실에 온전히 자리 차지하고 있는 퍼즐이다. 이제는 남편 때문이라도 마무리를 지어야 할 판이다. 중간에 포기는 도저히 못 하겠고, 매일 30개씩이라도 맞추자는 야무진 각오로 달려들었다. 딸도 나도, 가끔은 아들까지 맞추어 나갔다. 마음을 먹으니, 점점 밑그림이 가려지고, 퍼즐 조각이 그림 위를 덮는다. 3명이 함께 각자 하루에 10개씩, 총합계 30개만 맞추자고 의기투합했는데 맞추다 보니 30개보다 더 맞추게 된다. 퍼즐이라는 것이 은근히 오기를 발동시키는 것이라 계획보다 항상 더 맞추게 되었다. 고지가 보인다. 아니, 고지가 보인다는 믿음으로 맞추어 나갔다. 둘째도 신이 나기 시작했다. 다 맞추어 버리겠다는 각오와 믿음으로 만들어가니 재미를 느끼면서 자신감도 생긴다.

조만간 완성될 거야, 라는 믿음이 실제 완성하는데, 원동력이 되었다. 오늘은 어제보다 더 많은 숫자의 조각을 맞추었다. 결국 우리는 믿음대로 퍼즐 1,014개를 단시간에 맞추어 냈다.

　책 쓰기도 마찬가지이다. 책 쓰기 완성한다는 목표가 있다면 그것에 대한 믿음을 가져야 한다. 내가 세운 책 쓰기 완성의 목표는 반드시 달성된다는 각오를 매일 기록하면서 나의 믿음을 키워보자. 나는 현재도 초고 완성을 목표로 매일 1꼭지 쓰기를 실천하고 있다. 책 쓰는 삶을 살면서 가장 우선순위가 된 것이 매일 1꼭지 쓰기이다. 집안 행사가 있어도 1꼭지, 놀러 가서도 1꼭지, 아이가 아파도 약을 먹이고 간호하면서 1꼭지를 쓴다. 세상에 1꼭지 못 쓸 이유는 없다. 아, 딱 한 가지, '1꼭지 쓰기 오늘은 쉴 거야.' 라고 스스로 중단한다면 쓰지 못할 것이다. 그외 외부의 어떤 상황도 나의 1일 1꼭지 쓰기를 막을 수 없다. 믿음은 점점 강해진다. 책 쓰기 완성도 마찬가지이다. 1꼭지 쓰기 완성을 매일 하듯이, 1꼭지 쓰기 외, 초고 완성, 퇴고, 투고, 계약까지 전 과정이 포함된 책 쓰기 완성도 나의 믿음대로 가능하게 된다.
　"내 이름, 석 자 적힌 나의 책을 세상에 출간한다."
　출간에 대한 믿음을 확고하게 가진다면 우리는 변화된다. 이 믿음이 우리를 변화시킨다. 우리를 어떻게 변화시키는지 안다면 돈 들이지 않고, 책 쓰기 성공을 가능하게 만드는 이 믿음을 전 과정 중에 유지하게 될 것이다. 믿음이 우리를 어떻게 바꾸는지 자세히 알아보자.

첫째, 여러 변수가 발생하더라도 책 쓰기 성공에 대한 목표가 흔들리지 않는다.

내 인생 첫 책을 쓸 때는 초등학생인 아이들의 방학이었다. 아직 손이 많이 가는 아이들이라, 낮에는 초고를 쓸 시간이 부족했다. 좀 분위기 잡고 쓰려고 하면, '엄마'하고 부른다. 여러 번 시도하려고 했지만 하지 못함에 대한 짜증만 생기고 이 짜증이 아이들에게 나쁜 영향을 주는 것 같아서 낮에 쓰는 것을 포기했다. 대신, 남편이 퇴근하고 나는 독서실을 갔다. 참, 고3 수험생도 아니고 하지만 쓰는 시간과 환경을 확보하기 위해 내가 선택한 최선의 장소가 바로 독서실이었다. 출간에 대한 믿음이 강했기에 책을 쓸 수 있는 환경을 스스로 만들었다. 여러 어려움이 있다 하더라도 이것을 극복하게 하는 것이 나에 대한 믿음, 출간에 대한 확실한 믿음이었다.

둘째, 하루 중 많은 시간을 오로지 책 쓰기 성공에 대해서 생각한다.

출간에 대한 믿음이 강한 만큼 나는 하루 중 많은 시간을 책 쓰기에 대해 생각하게 된다. 믿음이 내 마음을 가득 채웠기 때문이다. 가득 채운 쓰시는 자나 깨나 나를 그것에 대해서 생각하게 만든다.

셋째, 책 쓰기 성공에 대한 방법에 관해서 연구하게 된다.

잘하기 위해 매번 연구한다. 책 쓰기의 가장 큰 관문은 초고를 완성해내는 것이다. 목차는 다른 사람의 도움을 받아 함께 만들 수 있지만, 최고 쓰기는 오로지 혼자의 힘으로 완성해야 한다. 그래서 스스로 연구하게 된다. 연구하지 않으면 1꼭지 쓰기가 시간이 지나도 어렵게 느껴진다. 점점 쓰면서 잘하기 위해 나는 생각하고, 연구한다.

넷째. 꼭지 제목에 대한 글감을 나도 모르게 찾고 있다.

1꼭지를 쓰기 위해 들어갈 사례들을 찾아야 한다. 사례는 곧 글감이다. 사례를 잘 찾는 사람이 1꼭지 쓰기도 빠르게 할 수 있다. 평범한 일상이지만, 평범함 속에서 특별한 의미를 찾아내는 능력은 책을 쓰면서 더욱 잘하게 된다. 믿음으로 나의 사례 찾는 능력도 진화될 수 있다.

다섯째. 초고 완성이 빨라진다.

믿음이 강하다면, 생각하는 것도 자주 하게 되고 많은 생각이 1꼭지 쓰기에 대한 나름의 노하우를 발견하게 한다. 1꼭지 쓰기가 좀 더 쉬워진다면, 초고 완성은 빠르게 진행된다.

여섯째. 퇴고, 투고, 계약이 자연스러운 나의 일처럼 느껴진다.

믿는 일은 마음속으로 머리로 반복해서 생각하게 된다. 생각은 그

것이 나의 일로 받아들이는 계기가 된다. 생각하고 또 생각하는 반복적인 행동을 통해서 책 쓰기의 전 과정이 남의 일이 아닌, 나의 일이 되는 것이다.

　믿음을 유지할 때 바라던 책을 출간한다. 처음에는 다들 열정적이다. 하지만 하나둘, 현실의 벽에 부딪혀 열정이 조금씩 식어간다. 가장 뜨거울 때, 가장 많은 일을 이루어 낼 수 있는 것이다. 뜨거움이 식지 않도록 불쏘시개 같은 역할을 할 수 있는 것이 믿음이다. 내 이름 석 자 박힌 책 한 권을 믿음으로 매일 본다면, 출간도 그리 힘든 일이 아니다. 현실에서의 어려움에 흔들리지 말고 책 쓰기에 도움이 되지 않는 상황은 과감히 외면하자. 해야 할 일도 많고 세상이 나를 도와주지 않는 것처럼 여러 난관이 발생한다면 정말 눈 딱 감고 도저히 안 돼, 포기하자고 생각할 수 있다. 만약 그렇게 되면 그때부터 평생 책 쓰기는 물 건너갈 수 있다. 그 이유는 책 쓰기에 대한 좋지 않은 기억들 때문에 다시 시작하기 쉽지 않기 때문이다. 하지만, 강한 믿음만 있다면 여러 가지 어려움도 극복할 수 있다. 흔들리는 믿음으로 스스로 합리화만 시키지 않는다면 출간해낼 수 있다. 고비가 있어야 출간 후 보람도 두 배가 된다. 출간에 대한 믿음으로 마음 단단히 다잡고, 나의 책이 출간되는 그 날까지 묵묵히 걸어가자. 나는 당신의 이야기가 듣고 싶다. 진심으로 응원해 드린다.

# 쓰는 삶은 기적을 만든다

특별한 변화가 내 삶에 기적을 만든다. 변화는 어디에서부터 생길까? 그것은 의식으로부터 발생한다고 볼 수 있다. 의식이 변하지 않는다면 진정한 변화는 없다. 남들과 다르게 생각하고 다른 의식 수준을 가지게 된다면 다른 삶을 살게 될 것이다. 기적 같은 새로운 삶은 또 다른 기적을 만드는 시너지 효과를 연이어 일어나게 한다.

내 인생의 첫 번째 기적이라고 한다면 독서 습관을 갖게 된 것이다. 나는 대학생 때 처음으로 책을 열심히 읽었다. 대학에 들어가기 전에는 책이라면 교과서를 읽었을 뿐이다. 교과서 외에 책은 거의 읽지 않았다. 대학을 들어가면서 본격적으로 4년 내내 책을 읽어보자고 결심한 것이 독서의 시발점이 되었다. 수업 시간에도 간호학 전공 서적 밑에 소설책을 깔아두고 읽었다. 기숙사로 와서도 읽던 소설책을 마저 읽었다. 그때는 오로지 소설책이었다. 자기계발서는 내 관심 밖이었다. 지금은 생각한다. 그때 자기계발서를 읽었다면 내 인생이 또 달라졌을 것이라고. 소설만 읽은 것이 조금 아쉽지만 그래도 독서에 대한 습관을 형성했다는 의의가 있다. 그렇게 대학을 졸업하고 직장 생활을 하면서 책을 손에서 놓았다. 책 외에도 할 것들이 많았고 책 말고 즐거운 들이 지천인데 특별히 책을 읽어야 할 이유를 찾지 못했다. 육아를 시작하면서 나는 다시 책을 들었다. 육아의 다양한 문제와 주제들을 해결하고 알고 싶었기 때문이다. 장소 불문, 시간 불문하고 선배 엄마들의 육아 노하우를 배울 수 있어서 좋았다. 책을 읽으면서 나의 머리에 들어오는 정보는 많아졌다. 이 정보는 또 다른 정보를 요구하면서 나는 독서의 주제를 넓혀갔다. 그리고 육아나 교육에 대한 나름의 철학을 갖추게 되었다. 또한 책을 읽기만 할 것이 아니라, 책 쓰기도 도전해야겠다는 마음을 먹게 되었다. 독서가 없었다면, 책 쓰기에 대한 자극을 받지 못했을지 모른다. 독서라는 기적을 통해서 작가라는 명함을 가질 수 있는 기적 같은 기회를 얻게 되었다.

내 인생에 2번째 기적이라면 책을 출간했다는 것이다. 나는 전공이 간호학이다. 국문학이 아니다. 그런데도 책을 출간했다. 과거, 나는 국문학과를 나온 사람만이 책을 쓸 수 있고 작가가 될 수 있다고 생각했다. 하지만 지금은 아니라는 것을 육아서를 읽으면서 알게 되었다. 내가 가진 경험과 노하우로 나도 책을 써도 되겠다고 생각하게 되었다. 그리하여 나는 책 쓰기를 주제로 책을 읽기 시작했다. 신기하게도 세상에는 내가 원하는 모든 주제에 대해서 차고 넘치도록 이미 출간되어 있었다. 전혀 문제가 되지 않았다. 관심 있는 영역을 책으로 배우고 실천하고, 어느 수준까지 끌어올려, 전문가가 될 수도 있다. 책을 찾아보면서, 시간을 단축하기 위해 먼저 작가의 세계에 들어선 사람으로부터 배움을 가지게 되었다. 1년 동안 궁리해도 어려웠을 목차기획을 3주 만에 끝냈다. 실제 목차 만들기에서 사람들은 많은 좌절감을 느낀다. 왜냐하면 한 번도 해보지 않았고 책에 그 방법이 있다고 하지만 실제 내가 하는 것과는 달랐기 때문이다. 책 쓰기는 목차기획과 초고 쓰기만 할 수 있다면 가능하다고 할 정도로 목차기획은 중요한 부분이다. 목차 만들기를 완성했다는 것은 책 쓰기의 50%를 달성했다고 할 수 있다. 혼자 책 쓰기를 할 때는 3주 만에 만든다는 것이 도저히 불가능하므로 첫 책을 쓸 때는 시간을 아끼기 위해서 누군가로부터 도움을 받으라고 나는 강조하고 싶다. 그렇게 나는 인생 두 번째 기적인 내 이름 박힌 첫 책을 출간하게 되었다.

인생 진짜 기적은 한 권의 책을 출간한 이후부터이다. '한 권만 출간하자.'라는 소박한 생각에서 나도 모르게 변화되어 가는 기적 같은 시간이 찾아온다. 2018년 4월 《하루 한 권 독서법》을 처음 출간하고 나는 매일 책을 쓰게 되었다. 물론 중간에 혼돈의 시간, 잠시 손을 놓은 시간도 있었지만, 그 시간이 길지는 않았다. 한 발 더 앞서가기 위한 일시적 후퇴였다. 매일 쓰는 삶이 나의 일상이 되었다. 매일 하루 한 꼭지 쓰기를 실천하고 있다. 매일 쓰는 것만큼 쓰는 것을 잘하는 방법은 없다. 그렇기에 하루 1꼭지 씀으로써 나의 삶에 기적 같은 변화들은 계속 일어나고 있다.

매일 쓰다 보니 2019년에는 3권의 책을 한꺼번에 출간했다. 《새벽 시크릿》, 《포스팅 독서법》, 《유학원 거치지 않고 세부 살이, 좌충우돌 정착 이야기》이다. 주변 사람들은 눈이 휘둥그레졌다. "아니, 책 쓰는 기계예요? 무슨 책을 한꺼번에 3권을 출간해요?"라며 놀라워했다. 그들이 보기에는 3권 동시 출간이 기적이라고 느끼는 것이다. 하지만 나에게는 당연한 결과였다. 왜냐하면, 매일 1꼭지씩 쓰기 때문이다. 오히려 적은 출간이라고도 생각한다. 사실 작년, 연초에 온라인 서점에 2번이나 예약판매로 올라간 책이 있었다. 출간 인연이 아니었던지 온라인 서점에서 다시 내려졌다. 그런 일들이 없었다면, 한 권이 추가 출간되었을 것이다. 나 자신도 인정하는 기적 같은 일이 일어날 뻔했었다.

책을 쓰면서 나는 인생을 바라보는 관점에 변화가 생겼다. 과거, 어려운 상황에 부닥쳐 있을 때는 그 상황에만 집중했다. 힘든 시련 속에 매몰되어 그 외의 것들은 볼 수 없는 근시안적인 시각을 가진다. 살다 보면 좋은 일이 있지만, 정말 고통스럽도록 힘든 일도 있다. 이것은 모든 삶에서 마찬가지일 것이다. 위기가 찾아왔을 때, 그 위기를 잘 넘기는 방법으로 그 위기는 언젠가 끝날 것이며 그것으로 나는 많은 교훈과 성장을 가지게 될 것이라는 시각으로 본다면, 위기가 위기로 보이지 않고, 한편으로 좋은 성장과 배움의 과정으로 여겨진다. 책을 쓰는 사람들은 특히, 이런 시각의 소유자가 많다. 위기는 최고의 글감이다. 힘들어도 힘든 만큼 책으로 만들어진다는 관점을 가지게 된다. 이런 관점은 위기를 더욱 잘 극복하게 하고 책도 많이 쓰는 계기가 된다.

책을 쓰면 나의 삶이 소중하게 느껴진다. 왜냐하면, 그 삶이 곧 나를 성장시키고 책을 쓸 글감이 되기 때문이다. 책을 쓰기 전에는 힘든 일이 있으면 어떻게 잘 극복할지만 생각했다. 그 힘든 일이, 나에게 노다지가 될 수 있다는 생각을 못 했다. 진흙 속에서 진주를 찾아내듯이 진흙 같은 힘든 삶일지라도 충분히 멋진 기회가 될 수 있음을 깨닫게 된다. 나의 모든 삶의 시간이 귀한 진흙 속의 진주인 것이다. 나의 삶, 하나하나 경험들이 소중하며 버릴 것은 하나도 없다.

내가 쓰는 주제는 바로 내 삶이다. 한 가지만 줄기차게 쓰기가 힘들다. 한 가지의 주제로만 책을 쓰면 유리한 점이 많다. 예를 들어, 책 쓰기를 주제로 책을 쓴다고 했을 때, 책 쓰기 안에서도 다양하게 주제를 뽑아낼 수 있다. 책 쓰기 주제로 이미 책을 쓴 상태이면, 그것보다 조금 다른 관점이나 다른 키워드를 정해서 다시 제목을 만들고 목차를 만들어 쓰기가 더 쉬워진다. 그 주제에 대한 한 번의 쓰기 경험이 있기 때문이다. 그래서 책 쓰기 책을 쓰는 사람은 계속 그것에 대해 쓰는 경우가 많다. 조금 다르게 쓴다면 글쓰기로 바꾸어서 주제를 정해 다시 책을 쓴다. 하지만 나 같은 경우에는 한 가지를 주제로 쓰는 것이 아니라 여러 영역을 주제로 해서 쓴다. 여러 영역이지만 한 가지로 크게 묶는다면, 나의 삶을 주제로 쓴다고 볼 수 있다. 직접 경험한 것들을 주제로 나만의 메시지와 사례를 들어 버무려 만들어낸다. 내가 직접 경험하지 않은 것은 쓰지 않는다. 내가 경험한 것들만 쓰기 때문에 주제가 다양하게 많아졌고 계속 책을 쓰는 비법이 된다. 이렇게 쓰다가도 하나에 더 깊이 파고들어 한 주제로만 쓸 수도 있겠지만 지금은 이대로가 좋다. 나의 삶을 책으로 만들기 때문에 주제도 다양하고 겪은 경험을 주로 사례로 사용하니 쓰기도 점점 빨라진다. 삶이 바로 책이 되는 것이다. 이것 또한 기적 같은 일이다. 한 권의 책을 쓰기 전에는 삶이 책이 된다는 사실 자체를 피부로 도저히 느낄 수 없었다. 지금은 삶이 전부 책이 되는 삶을 살고 있다.

쓰면서 의식 수준 또한 높아진다. 나는 쓰기 전에는 느끼지 못하고,

보지 못한 세상을 지금은 보고 느낀다. 읽기만 했을 때는 지금과 달랐다. 한 권이라도 더 읽기 위해 시간을 쪼개가면서 읽었다. 읽는 것에만 집착했고 그것이 최고의 성장이라 여겼다. 하지만 책을 쓰고 나서 더 많은 의식의 변화와 삶의 변화, 성장이 일어나고 있다. 책을 쓰면서 더 많이 책을 읽었고, 삶의 철학과 새로운 관점이 생겼다. 써보지 않고는 알 수 없는 깨달음들이다.

지금도 기적은 일어나고 있다. 매일 읽고 1꼭지씩 쓰면서 나의 모든 삶을 책으로 만들고 있다. 공장에서 물건 만들어내듯 시간이 지나면서 삶의 결과물을 출간한다. 읽고 쓰는 과정에서 의식은 끝없이 변화되어 가고 있으며 변화한 의식대로 나는 또 다른 책을 출간할 뿐 아니라, 다른 삶의 영역으로 이동한다. 이것이 바로 쓰는 삶이 만들어내는 기적이다. 지금 이 글을 읽는 당신도, 책을 쓰면서 기적 같은 삶을 일상으로 즐기시길 진심으로 바란다.

# 책 쓰기도 결국 의식이다

나는 아이들에게 '의식'이 중요하다고 말한다. 특히 아이들과 잠자리에 누워서 의식에 관해서 이런저런 이야기를 들려준다.

"수홍아, 정아야, 갖고 싶은 것, 되고 싶은 것 있어?"

"만약, 그런 것이 있다면 그것이 달성되었을 때를 상상해 봐, 그리고 조용히 느껴봐, 매일 그렇게 한다면 실제로 현실이 된단다. 그것이 무엇이든 꼭 이루어진단다."

이렇게 이야기해 주면, 아이들은 "정말이야?, 엄마?"라며 재차 묻는다. 그러면서 아들은 자신은 닌텐도 스위치를 갖고 싶다고 이야기한다. 딸은 그냥 속으로만 생각하는 듯하다. 아들은 좀 표현을 먼저하는 스타일이다. 생각나는 것을 즉석에서 표현하고 한 번 더 생각한다. 딸은 머리로 먼저 생각해 보고 생각이 끝날 때까지 표현을 보류한다. 한 배에서 나온 자식이지만 그런 면에서 반대이다.

수홍이는 내가 말한 의식에 관련된 부분을 일상생활에서도 활용한다.

"정아야, 엄마가 아이스크림 사주신다고 했다."

듣고 있던 나는 "수홍아, 내가 언제 사준다고 했어?"라고 말하면서 '그리고 보니, 요즘 아이들에게 아이스크림을 한참 동안 안 사줬네, 아이스크림을 사줄까?'라는 생각을 한다. 그리고 마음이 약해진다. '그래, 먹고 싶은 것을 먹겠다는데, 너무 자주가 아니면, 아이스크림도 괜찮다. 그냥 원할 때, 먹이자.', 내 생각에 변화가 일어난다. 아들의 그 말이 없었다면, 마음이 변하지 않았을 것이다. 결국 나는 아이스크림을 사주었다.

여기에서도 네빌 고다드의 메시지가 그대로 적용된다. 아이가 자신이 원하는 것을 간절히 바라면서 아이스크림을 먹을 것이라는 확신을 두고 한 말로 인해 아이의 강력한 환경인 엄마의 마음이 바뀐 것이다. 아이가 원하는 그것이 현실이 될 수 있도록 세상이 바뀌어 간다. 간절히 원하는 것에 대한 상상과 느낌으로 그것은 현실이 되는 것이다.

나에게 소중한 책 쓰기 완성, 이 책 쓰기에서도 네빌 고다드가 강조한 진리들이 적용한다. 네빌 고다드는 소망을 성취하는 방법에 대해서 자주 강조하였는데, 그것을 네빌링이라고 한다. 네빌링은 첫째는 소망이 이루어진 것을 상상하는 것, 둘째는 소망이 이루어진 것처럼 느끼는 것, 셋째는 그 이루어진 것에 놀라듯 "감사합니다.", "굉장해." 라고 말하는 것이다. 이 3가지 중에서 꼭 해야 할 부분은 앞의 두 가지, 이루어진 것을 상상하고 그 상상한 대로 실제인 양 생생히 느끼는 것이다. 최소, 앞의 2가지는 매일 꼭 해야 소망이 빠르게 현실이 되어 간다. 사실, 소망 달성한 상태를 상상하고 느끼는 것이 습관이 안 된 상태에서는 어색하고 어렵다. 하지만 그 소망이 현실이 되기를 바란 다면 상상하고 느껴야 한다. 책 쓰기 완성을 위해 출간한 상태를 현실 처럼 상상하고 느끼는 것에 의식을 두어야 하겠다.

출간한 상태를 상상하고 느낀다는 것은 끝을 먼저 경험하는 것이 다. 의식 속에서 우리가 바라는 것에 주의를 집중하고 그것이 이루어 졌을 때를 상상하고 매일 느낀다면 강력한 힘을 발휘할 것이다. 하루 중 우리의 머리를 가장 많이 채우는 그것이 바로 우리의 삶이 된다. 책 쓰기 완성도 머릿속에 가득 채운다면 현실로 드러나는 것은 시간 문제일 것이다. 반드시 일어나게 되어 있다. 그러므로 외부에서 열심 히 노력하는 것보다 먼저, 의식에서 책 쓰기 완성의 끝을 만들어 놓고 느끼는 것이 중요하다. 출간이란 결과를 얻는 데 큰 도움이 될 것이 다. 이 사실을 기억해야겠다.

나는 인생 첫 책을 쓸 때, 여러 명과 함께 책 쓰기를 하였다. 책 쓰기의 동지가 있었다. 그 동지들을 보면서 자극을 많이 받았다. 누군가가 글을 잘 쓴다면, 나도 잘 쓰기 위해 노력했었고 누군가가 초고 쓰기 진도가 앞섰다면 나도 초고 쓰기를 빠르게 진행하기 위해 노력했다. 그래도 뭐니 뭐니 해도 가장 중요한 것은 책 쓸 때의 의식이다. 출간에 대한 확신과 출간 후 저자 강연회를 해야겠다는 생각으로 의식을 채웠다. 한 번도 책 쓰기를 포기한다고 생각해 보지 않았다. 내 인생 첫 책은 당연히 현실이 된다고 생각했다. 아마도 주변에 함께 쓰는 사람이 있었기에 믿음을 더 강하게 할 수 있었던 것 같다. 혼자서 책을 쓴다고 해도 마찬가지이다. 내 책이 세상에 출간된다는 사실을 받아들이고 행복한 상상을 하고 생생한 느낌을 가져야 한다는 것이다.

대학 재수할 때, 나는 시험 2개월 남겨두고 독서실 생활을 했다. 독서실에서 공부하면서 수능보다, 조금 빠르게 시험 보는 '국군 간호 사관학교' 원서를 언니로부터 받았다. 언니는 실력 테스트도 할 겸 한 번 시험을 보라고 말했다. 그래서 나는 인터넷으로 '국군 간호 사관학교'를 찾아보았다. 생도들의 정복을 입은 모습을 봤다. 다양한 활동과 생활들도 볼 수 있었다. 정복 입은 생도들의 모습은 오랫동안 뇌리에 남았다. 공부하면서도 정복 입은 생도들의 모습이 생각났다. 하루는 그 생도의 얼굴 대신 나의 얼굴로 상상해보았다. 내가 생도정복을 입고, 공부하는 모습을 상상한 것이다. 그 상상을 하니, 그것이 느껴졌다. 정복이라 사복보다는 조금 불편했지만, 오히려 이 불편함이 공부할 때 더 긴장하게 만드는 듯한 느낌을 받았다. 상상하고 느끼는 것을 매일 하다 보니, 그 학교에 입학하고 싶은 간절함이 더 생겼다. '그래, 나도 꼭 합격해서 정복을 입고 열심히 공부해야지.'라는 마음이 저절로 생겼다. 사실, 네빌 고다드의 책을 읽으면서, 바라기만 하는 것이 아니라, 사실인 듯 먼저 받아들여야 한다는 것을 알았다. 바란다는 것은 현재는 그 소망이 달성되지 않았다는 것을 의미하는 것이다. 마음에, 소망이 달성되지 않은 것이다. 빠른 소망 달성은 현실에는 달성되지 않았지만, 마음속에서는 그 소망이 달성된 사실을 받아들일 때 이루어지는 것이다. 다행히, 나는 내가 상상한 대로 원하는 대로 합격했다. 하지만, 이제는 소망 달성 방법인 네빌링을 알게 되어서 나는 책 쓰기를 하고자 하는 사람이라면 이 네빌링 대로 출간을 기정사실로 받아들이고, 그것을 느끼면서 책 쓰길 강력하게 권한다.

　나의 의식이 책 쓰기 성공 여부를 결정한다. 부정적인 생각이 습관인 사람은 책 쓰기 성공하기 어려울 수 있다. 부정적인 의식은 소망 달성에 전혀 도움이 안 된다. 오히려 부정적인 내면으로 인해 현실에서 부정적인 일들을 끌어들이게 된다. 소망을 이루는 방법인 네빌링을 책 쓰기 과정 중에 적용한다면, 흔들리지 않고 출간까지 갈 확률이 높아진다. 네빌링은 다름 아닌 의식 속에서 나의 출간을 확정하는 것이다. 그리고 기성사실인 출간한 상태를 맘껏 느끼는 것이다. 눈을 감고 상상해 보자. 내 이름 박힌 책이 나왔을 때, 내가 무엇을 가장 먼저 할 건지를 즐기면서 상상해 보자. 누군가로부터 "아유, 대단하세요. 어떻게 그런 멋진 책을 쓰셨나요?", "감사합니다. 이 책으로 나는 새로운 인생을 도전하게 되었습니다."라는 말을 듣는 것을 상상해 보자. 행복해지는 마음이 생생히 느껴지지 않는가? 이런 상상과 느낌을 매일 하는 것이다. 어느 부자는 부자가 된 비법을 이렇게 말했다고 한다. "나는 오로지 부자가 된 상태만 생각합니다." 이 말의 의미는 자신이 부자를 상상하고, 그것을 자주 느꼈기 때문에 부자가 되었다는 의미일 것이다. 책 쓰기도 마찬가지이다. 미리 걱정하지 말고, 그냥, '내 책이 세상에 나왔다. 출간되었다.'라고 받아들이고, 그것을 느껴보는 것이다. 이런 의식 상태에서 책 쓰기를 한다면, 책은 반드시 세상에 나오게 될 것이다. 책 쓰기도 결국 내 의식의 결과물임을 명심하자.

## 책 쓰기도 의식이 답이다

초판 1쇄 발행 | 2023년 11월 30일

지은이 | 나애정
펴낸이 | 김지연
펴낸곳 | 생각의빛

주소 | 경기도 파주시 한빛로 70 515-501

출판등록 | 2018년 8월 6일 제 406-2018-000094호

ISBN | 979-11-6814-055-4 (03190)

원고 투고 | sangkac@nate.com

값 14,500원

생각의빛은 삶의 감동을 이끌어내는 진솔한 책을 발간하고 있습니다. 참신한 원고가 준비되셨다면 망설이지 마시고 연락주세요.